La

HENRIADE

DE

VOLTAIRE.

A Nantes,

De l'Imprimerie de Mellinet-Malassis.

1826.

COLLECTION
DES PRINCIPAUX
POËMES ÉPIQUES.

ÉDITION DE M. BESNIER,

PRÊTRE, PROFESSEUR.

On a corrigé ou supprimé dans cette édition quelques vers contraires à la saine doctrine et aux bonnes mœurs.

LA HENRIADE DE VOLTAIRE.

NOUVELLE ÉDITION.

A NANTES,
DE L'IMPRIMERIE DE MELLINET-MALASSIS.

1826.

LA HENRIADE.

CHANT PREMIER.

SOMMAIRE.

Henri III, réuni avec Henri de Bourbon, Roi de Navarre, contre la Ligue, ayant déjà commencé le blocus de Paris, envoie secrettement Henri de Bourbon demander du secours à Élisabeth, Reine d'Angleterre. Le Héros essuie une tempête. Il relâche dans une île, où un vieillard Catholique lui prédit son changement de religion et son avénement au trône. Description de l'Angleterre et de son gouvernement.

Je chante ce Héros qui régna sur la France,
Et par droit de conquête, et par droit de naissance,
Qui par de longs malheurs apprit à gouverner,

Calma les factions, sut vaincre et pardonner,
Confondit et Mayenne, et la Ligue, et l'Ibère,
Et fut de ses sujets le vainqueur et le père.
Descends du haut des Cieux, auguste Vérité,
Répands sur mes écrits ta force et ta clarté;
Que l'oreille des rois s'accoutume à t'entendre.
C'est à toi d'annoncer ce qu'ils doivent apprendre:
C'est à toi de montrer, aux yeux des nations,
Les coupables effets de leurs divisions.
Dis comment la Discorde a troublé nos provinces;
Dis les malheurs du peuple, et les fautes des princes;
Viens, parle; et, s'il est vrai que la fable autrefois
Sut à tes fiers accents mêler sa douce voix,
Si sa main délicate orna ta tête altière,
Si son ombre embellit les traits de ta lumière,
Avec moi sur tes pas permets-lui de marcher,
Pour orner tes attraits, et non pour les cacher.
Valois régnait encore, et ses mains incertaines
De l'Etat ébranlé laissaient flotter les rênes:
Les lois étaient sans force, et les droits confondus;
Ou plutôt, en effet, Valois ne régnait plus.
Ce n'était plus ce Prince environné de gloire,
Aux combats, dès l'enfance, instruit par la Victoire,
Dont l'Europe en tremblant regardait les progrès,
Et qui de sa patrie emporta les regrets,
Quand du Nord étonné de ses vertus suprêmes,
Les peuples à ses pieds mettaient les diadèmes.
Tel brille au second rang, qui s'éclipse au premier.
Il devint lâche Roi, d'intrépide guerrier:
Endormi sur le trône, au sein de la mollesse,
Le poids de sa couronne accablait sa faiblesse.

Quélus et Saint-Maigrin, Joyeuse et d'Epernon,
Jeunes voluptueux qui régnaient sous son nom,
D'un Maître efféminé corrupteurs politiques,
Plongeaient dans les plaisirs ses langueurs léthargiques.

Des Guises cependant le rapide bonheur
Sur son abaissement élevait leur grandeur;
Ils formaient dans Paris cette Ligue fatale,
De sa faible puissance orgueilleuse rivale.
Les peuples déchaînés, vils esclaves des grands,
Persécutaient leur Prince, et servaient des tyrans.
Ses amis corrompus bientôt l'abandonnèrent;
Du Louvre épouvanté ses peuples le chassèrent.
Dans Paris révolté l'étranger accourut;
Tout périssait enfin, lorsque Bourbon parut.
Le vertueux Bourbon, plein d'une ardeur guerrière,
A son prince aveuglé vint rendre la lumière :
Il ranima sa force, il conduisit ses pas,
De la honte à la gloire, et des jeux aux combats.
Aux remparts de Paris les deux rois s'avancèrent;
Rome s'en alarma, les Espagnols tremblèrent.
L'Europe, intéressée à ces fameux revers,
Sur ces murs malheureux avait les yeux ouverts.

On voyait dans Paris la Discorde inhumaine,
Excitant aux combats, et la Ligue et Mayenne,
Et le peuple et les grands; et du haut de ses tours,
Des soldats, de l'Espagne appelant les secours.
Ce monstre impérieux, sanguinaire, inflexible,
De ses propres sujets est l'ennemi terrible :
Aux malheurs des mortels il borne ses desseins :
Le sang de son parti rougit souvent ses mains :

Il habite en tyran dans les cœurs qu'il déchire,
Et lui même il punit les forfaits qu'il inspire.
Du côté du couchant, près de ces bords fleuris,
Où la Seine serpente en fuyant de Paris,
Lieux aujourd'hui charmants, retraite aimable et pure
Où triomphent les arts, où se plaît la Nature,
Théâtre alors sanglant des plus mortels combats,
Le malheureux Valois rassemblait ses soldats.
On y voit ces héros, fiers soutiens de la France,
Divisés par leur secte, unis par la vengeance.
C'est aux mains de Bourbon que leur sort est commis:
En gagnant tous les cœurs, ils les a tous unis.
On eût dit que l'armée, à son pouvoir soumise,
Ne connaissait qu'un chef, et n'avait qu'une église.
Le père des Bourbons du sein des Immortels,
Louis fixait sur lui ses regards paternels;
Il présageait en lui la splendeur de sa race;
Il plaignait ses erreurs, il aimait son audace;
De sa couronne un jour il devait l'honorer;
Il voulait plus encore, il voulait l'éclairer.
Mais Henri s'avançait vers la grandeur suprême,
Par des chemins secrets, inconnus à lui-même:
Louis du haut des cieux lui prêtait son appui;
Mais il cachait le bras qu'il étendait pour lui,
De peur que ce Héros, trop sûr de sa victoire,
Avec moins de danger, n'eût acquis moins de gloire.
Déjà les deux partis aux pieds de ces remparts
Avaient plus d'une fois balancé les hasards;
Dans nos champs désolés le démon du carnage
Déjà jusqu'aux deux mers avait porté sa rage,
Quand Valois à Bourbon tint ce triste discours,

Dont souvent ses soupirs interrompaient le cours :
Vous voyez à quel point le destin m'humilie ;
Mon injure est la vôtre ; et la Ligue ennemie,
Levant contre son Prince un front séditieux,
Nous confond dans sa rage, et nous poursuit tous deux :
Rome vous méconnaît, Paris ne veut pour maître,
Ni moi qui suis son Roi, ni vous qui devez l'être ;
Ils savent que les lois, le mérite et le sang,
Tout, après mon trépas, vous appelle à ce rang ;
Et redoutant déjà votre grandeur future,
Du trône où je chancelle, ils pensent vous exclure.
Sujets, amis, parents, tout a trahi sa foi ;
Tout me fuit, m'abandonne, ou s'arme contre moi ;
Et l'Espagnol avide, enrichi de mes pertes,
Vient en foule inonder mes campagnes désertes.
Contre tant d'ennemis, ardents à m'outrager,
Dans la France à mon tour appelons l'étranger :
Des Anglais en secret gagnez l'illustre Reine ;
Je sais qu'entr'eux et nous une immortelle haine
Nous permet rarement de marcher réunis,
Que Londre est de tout temps l'émule de Paris ;
Mais après les affronts dont ma gloire est flétrie,
Je n'ai plus de sujets, je n'ai plus de patrie.
Je hais, je veux punir des peuples odieux ;
Et quiconque me venge, est Français à mes yeux !
Je n'occuperai point dans un tel ministère
De mes secrets agents la lenteur ordinaire :
Je n'implore que vous ; c'est vous de qui la voix
Peut seule à mon malheur intéresser les Rois.
Allez en Albion ; que votre renommée

Y parle en ma défense, et m'y donne une armée;
Je veux par votre bras vaincre mes ennemis;
Mais c'est de vos vertus que j'attends des amis.
Il dit; et le héros, qui, jaloux de sa gloire,
Craignait de partager l'honneur de la victoire,
Sentit en l'écoutant une juste douleur.
Il regrettait ces temps si chers à son grand cœur,
Où fort de sa vertu, sans secours, sans intrigue,
Lui seul avec Condé faisait trembler la Ligue.
Mais il fallut d'un maître accomplir les desseins:
Il suspendit les coups qui partaient de ses mains;
Et laissant ses lauriers cueillis sur ce rivage,
A partir de ces lieux il força son courage.
Les soldats étonnés ignorent son dessein;
Et tous de son retour attendent leur destin.
Il marche. Cependant la ville criminelle
Le croit toujours présent, près de fondre sur elle;
Et son nom, qui du trône est le plus ferme appui,
Semait encor la crainte, et combattait pour lui.
Déjà des Neustriens il franchit la campagne,
De tous ses favoris, Mornay seul l'accompagne,
Mornay son confident, mais jamais son flatteur,
Le plus ferme soutien du parti de l'erreur;
Qui signalant toujours son zèle et sa prudence,
Servit également son église et la France;
Censeur des courtisans, mais à la cour aimé;
Fier ennemi de Rome, et de Rome estimé.
A travers deux rochers, où la mer mugissante
Vient briser en courroux son onde blanchissante,
Dieppe aux yeux du Héros offre son heureux port:
Les matelots ardents s'empressent sur le bord;

Les vaisseaux sous leurs mains, fiers souverains des ondes,
Etaient près de voler sur les plaines profondes :
L'impétueux Borée enchaîné dans les airs,
Au souffle du Zéphyr abandonnait les mers.
On lève l'ancre, on part, on fuit loin de la terre;
On découvrait déjà les bords de l'Angleterre :
L'astre brillant du jour à l'instant s'obscurcit,
L'air siffle, le Ciel gronde, et l'onde au loin mugit;
Les vents sont déchaînés sur les vagues émues :
La foudre étincelante éclate dans les nues;
Et le feu des éclairs, et l'abyme des flots,
Montraient partout la mort aux pâles matelots.
Le Héros qu'assiégeait une mer en furie,
Ne songe en ce danger qu'aux maux de sa patrie,
Tourne ses yeux vers elle, et dans ses grands desseins,
Semble accuser les vents d'arrêter ses destins.
Tel, et moins généreux, aux rivages d'Epire,
Lorsque de l'univers il disputait l'empire,
Confiant sur les flots aux Aquilons mutins
Le destin de la terre et celui des Romains,
Défiant à la fois et Pompée et Neptune,
César à la tempête opposait sa fortune.
Dans ce même moment le Dieu de l'univers,
Qui vole sur les vents, qui soulève les mers,
Ce Dieu dont la sagesse ineffable et profonde
Forme, élève et détruit les empires du monde,
De son trône enflammé qui luit du haut des Cieux,
Sur le Héros français daigna baisser les yeux.
Il le guidait lui-même. Il ordonne aux orages
De porter le vaisseau vers ces prochains rivages,

Où Jersey semble aux yeux sortir du sein des flots :
Là, conduit par le Ciel, aborda le Héros.
Non loin de ce rivage, un bois sombre et tranquille
Sous des ombrages frais, présente un doux asile.
Un rocher qui le cache à la fureur des flots,
Défend aux Aquilons d'en troubler le repos.
Une grotte est auprès, dont la simple structure
Doit tous ses ornements aux mains de la nature.
Un vieillard vénérable avait, loin de la cour,
Cherché la douce paix dans cet obscur séjour.
Aux humains inconnu, libre d'inquiétude,
C'est-là que de lui-même il faisait son étude;
C'est là qu'il regrettait ses inutiles jours,
Dont les plaisirs du siècle avaient terni le cours.
Sur l'émail de ces prés, au bord de ces fontaines,
Il foulait à ses pieds les passions humaines :
Tranquille, il attendait qu'au gré de ses souhaits,
La mort vînt à son Dieu le rejoindre à jamais.
Ce Dieu qu'il adorait, prit soin de sa vieillesse :
Il fit dans son désert descendre la sagesse;
Et prodigue envers lui de ses trésors divins,
Il ouvrit à ses yeux le livre des destins.
Ce vieillard au Héros que Dieu lui fit connaître,
Au bord d'une onde pure offre un festin champêtre.
Le Prince à ces repas était accoutumé :
Souvent sous l'humble toit du laboureur charmé,
Fuyant le bruit des cours et se cherchant lui-même,
Il avait déposé l'orgueil du diadême.
Le trouble répandu dans l'empire Chrétien
Fut pour eux le sujet d'un utile entretien.
Mornay, qui dans sa secte était inébranlable,

Prêtait au Calvinisme un appui redoutable ;
Henri doutait encore et demandait aux Cieux
Qu'un rayon de clarté vînt dessiller ses yeux.
De tout temps, disait-il, la vérité sacrée,
Chez les faibles humains, fut d'erreurs entourée :
Faut-il que de Dieu seul attendant mon appui,
J'ignore les sentiers qui mènent jusqu'à lui !
Mais ce Dieu juste et bon, qui de l'homme est le maître,
En doit être servi, comme il a voulu l'être.
De Dieu dit le vieillard adorons les desseins,
Et ne l'accusons pas des fautes des humains.
J'ai vu naître autrefois le Calvinisme en France ;
Faible, marchant dans l'ombre, humble dans sa naissance ;
Je l'ai vu, sans support, exilé dans nos murs,
S'avancer à pas lents par cent détours obscurs.
Enfin mes yeux ont vu du sein de la poussière
Ce fantôme effrayant lever sa tête altière,
Se placer sur le trône, insulter aux mortels,
Et d'un pied dédaigneux renverser nos autels.
Loin de la cour alors, en cette grotte obscure,
De ma Religion je vins pleurer l'injure.
Là, quelqu'espoir au moins flatte mes derniers jours;
Un culte si nouveau ne peut durer toujours.
Des caprices de l'homme il a tiré son être :
On le verra périr ainsi qu'on l'a vu naître.
Les œuvres des humains sont fragiles comme eux.
Dieu dissipe à son gré leurs desseins factieux.
Lui seul est toujours stable ; et tandis que la terre
Voit de sectes sans nombre une implacable guerre,
La Vérité repose aux pieds de l'Eternel.

Rarement elle éclaire un orgueilleux mortel.
Qui la cherche du cœur, un jour peut la connaître.
Vous serez éclairé, puisque vous voulez l'être.
Ce Dieu vous a choisi. Sa main dans les combats,
Au trône des Valois va conduire vos pas.
Déjà sa voix terrible ordonne à la Victoire
De préparer pour vous les chemins de la gloire.
Mais si la Vérité n'éclaire vos esprits,
N'espérez point entrer dans les murs de Paris.
Surtout des plus grands cœurs évitez la faiblesse,
Fuyez d'un doux poison l'amorce enchanteresse;
Craignez vos passions, et sachez quelque jour
Résister aux plaisirs, et combattre l'amour.
Enfin quand vous aurez, par un effort suprême,
Triomphé des Ligueurs, et surtout de vous-même,
Lorsqu'en un siége horrible, et célèbre à jamais,
Tout un peuple étonné vivra de vos bienfaits,
Ces temps de vos états finiront les misères
Vous léverez les yeux vers le Dieu de vos pères,
Vous verrez qu'un cœur droit peut espérer en lui.
Allez, qui lui ressemble est sûr de son apui.
  Chaque mot qu'il disait était un trait de flamme,
Qui pénétrait Henri jusqu'au fond de son âme.
Il se crut transporté dans ces temps bienheureux,
Où le Dieu des humains conversait avec eux,
Où la simple vertu, prodiguant les miracles,
Commandait à des rois, et rendait des oracles.
Il quitte avec regret ce vieillard vertueux;
Des pleurs en l'embrassant coulèrent de ses yeux;
Et dès ce moment même, il entrevit l'aurore
De ce jour qui pour lui ne brillait pas encore.

Mornay parut surpris, et ne fut point touché :
A son cœur endurci, ce grand don fut caché.
Vainement sur la terre il eut le nom de sage,
Au milieu des vertus l'erreur fut son partage.
Tandis que le vieillard, instruit par le Seigneur,
Entretenait le Prince et parlait à son cœur,
Les vents impétueux à sa voix s'appaisèrent
Le soleil reparut, les ondes se calmèrent.
Bientôt jusqu'au rivage il conduisit Bourbon :
Le Héros part et vole aux plaines d'Albion.
En voyant l'Angleterre, en secret il admire
Le changement heureux de ce puissant empire!
Où l'éternel abus de tant de sages lois
Fit long-temps le malheur et du peuple et des rois.
Sur ce sanglant théâtre où cent héros périrent,
Sur ce trône glissant dont cent rois descendirent,
Une femme, à ses pieds enchaînant les destins,
De l'éclat de son règne étonnait les humains.
C'était Élisabeth, elle dont la prudence
De l'Europe à son choix fit pencher la balance,
Et fit aimer son joug à l'Anglais indompté,
Qui ne peut ni servir, ni vivre en liberté.
Ses peuples sous son règne ont oublié leurs pertes ;
De leurs troupeaux féconds leurs plaines sont couvertes,
Les guérets de leurs blés, les mers de leurs vaisseaux.
Ils sont craints sur la terre, ils sont rois sur les eaux,
Leur flotte impérieuse, asservissant Neptune,
Des bouts de l'univers appelle la fortune.
Londres, jadis barbare, est le centre des arts,

Le magasin du monde et le temple de Mars.
Aux murs de Vestminster on voit paraître ensemble
Trois pouvoirs étonnés du nœud qui les rassemble,
Les députés du peuple, et les grands, et le Roi,
Divisés d'intérêts, réunis par la loi;
Tous trois membres sacrés de ce corps invincible,
Dangereux à lui-même, à ses voisins terrible.
Heureux, lorsque le peuple, instruit dans son devoir,
Respecte, autant qu'il doit, le souverain pouvoir!
Plus heureux, lorsqu'un roi, doux, juste et politique,
Respecte, autant qu'il doit, la liberté publique!
Ah! s'écria Bourbon, quand pourront les Français
Réunir comme vous la gloire avec la paix?
Quel exemple pour vous, monarques de la terre!
Une femme a fermé les portes de la guerre;
En renvoyant chez vous la discorde et l'horreur,
D'un peuple qui l'adore elle a fait le bonheur.
Cependant il arrive à cette ville immense,
Où la liberté seule entretient l'abondance.
Du vainqueur des Anglais il aperçoit la tour.
Plus loin, d'Elisabeth est l'auguste séjour.
Suivi de Mornay seul, il va trouver la Reine,
Sans appareil, sans bruit, sans cette pompe vaine
Dont les grands, quels qu'ils soient, en secret sont épris,
Mais que le vrai héros regarde avec mépris.
Il parle, sa franchise est sa seule éloquence:
Il expose en secret les besoins de la France,
Et jusqu'à la prière humiliant son cœur,
Dans sa soumission découvre sa grandeur.

Quoi! vous servez Valois ? dit la reine surprise :
C'est lui qui vous envoie au bord de la Tamise ?
Quoi ! de ses ennemis devenu protecteur,
Henri vient me prier pour son persécuteur ?
Des rives du couchant aux portes de l'aurore,
De vos longs différends l'univers parle encore ;
Et je vous vois armer en faveur de Valois
Ce bras, ce même bras qu'il a craint tant de fois !
Ses malheurs, lui dit-il, ont étouffé nos haines ;
Valois était esclave, il brise enfin ses chaînes :
Plus heureux, si, toujours assuré de ma foi,
Il n'eût cherché d'appui que son courage et moi !
Mais il employa trop l'artifice et la feinte ;
Il fut mon ennemi par faiblesse et par crainte.
J'oublie enfin sa faute en voyant son danger :
Je l'ai vaincu, Madame, et je vais le venger.
Vous pouvez, grande Reine, en cette juste guerre,
Signaler à jamais le nom de l'Angleterre,
Couronner vos vertus en défendant nos droits,
Et venger avec moi la querelle des rois.
  Elisabeth alors avec impatience
Demande le récit des troubles de la France,
Veut savoir quel ressort et quel enchaînement
Ont produit dans Paris un si grand changement.
Déjà, dit-elle au Roi, la prompte renommée
De ces revers sanglants m'a souvent informée ;
Mais sa bouche indiscrète en sa légèreté,
Prodigue le mensonge avec la vérité.
J'ai rejeté toujours ses récits peu fidèles.
Vous donc, témoin fameux de ces longues querelles,
Vous, toujours de Valois le vainqueur ou l'appui,

Expliquez-nous le nœud qui vous joint avec lui.
Daignez développer ce changement extrême :
Vous seul pouvez parler dignement de vous-même.
Peignez-moi vos malheurs et vos heureux exploits.
Songez que votre vie est la leçon des rois.

Hélas! reprit Bourbon, faut-il que ma mémoire
Rappelle de ces temps la malheureuse histoire!
Plût au Ciel irrité, témoin de mes douleurs,
Qu'un éternel oubli nous cachât tant d'horreurs!
Pourquoi demandez-vous que ma bouche raconte
Des princes de mon sang les fureurs et la honte?
Mon cœur frémit encore à ce seul souvenir;
Mais vous me l'ordonnez, je vais vous obéir.
Un autre en vous parlant, pourrait avec adresse
Déguiser leurs forfaits, excuser leur faiblesse;
Mais ce vain artifice est peu fait pour mon cœur,
Et je parle en soldat plus qu'en ambassadeur.

CHANT II.

SOMMAIRE.

Henri-le-Grand raconte à la Reine Élisabeth l'histoire des malheurs de la France: il remonte à leur origine, et entre dans le détail du massacre de la Saint-Barthelemi.

Reine, l'excès des maux où la France est livrée,
Est d'autant plus affreux que leur source est sacrée.
Une funeste erreur, dans son zèle inhumain,
Met à tout les Français les armes à la main.
Si dans les différends où l'Europe se plonge,
La trahison, le meurtre est le sceau du mensonge,
L'un et l'autre parti, cruel également,
Ainsi que dans le crime, est dans l'aveuglement.
Pour moi qui, de l'Etat embrassant la défense,
Laissai toujours aux Cieux le soin de leur vengeance,
On ne m'a jamais vu, surpassant mon pouvoir,
D'une indiscrète main profaner l'encensoir;
Ni suivant un faux zèle, ou l'intérêt pour guides
Servir un Dieu de paix par de noirs homicides.
Plût à ce Dieu puissant dont je cherche la loi,
Que la cour des Valois eut pensé comme moi!
Mais et Mayenne et Guise ont eu moins de scrupule.
Ces chefs ambitieux d'un peuple trop crédule,

Couvrant leurs intérêts de l'intérêt des Cieux,
Ont conduit dans le piége un peuple furieux,
En armant contre moi sa haine criminelle.
J'ai vu nos citoyens s'égorger avec zèle,
Et la flamme à la main courir dans les combats,
Pour de vains arguments qu'ils ne comprenaient pas.
Vous connaissez le peuple et savez ce qu'il ose,
Quand du Ciel outragé pensant venger la cause,
Les yeux ceints du bandeau de la Religion,
Il a rompu le frein de la soumission.
Vous le savez, Madame, et votre prévoyance
Etouffa dès long-temps ce mal en sa naissance.
L'orage en vos Etats à peine était formé;
Vos soins l'avaient prévu, vos vertus l'ont calmé :
Vous régnez. Londre est libre, et vos lois florissantes;
Médicis a suivi des routes différentes.
Peut-être que, sensible à ces tristes récits,
Vous me demanderez quelle était Médicis?
Vous l'apprendrez du moins d'une bouche ingénue.
Beaucoup en ont parlé, mais peu l'ont bien connue;
Peu de son cœur profond ont sondé les replis.
Pour moi, nourri vingt ans à la cour de ses fils;
Qui vingt ans sous ses pas vis les orages naître,
J'ai trop, à mes périls, appris à la connaître.
Son époux, expirant dans la fleur de ses jours,
A son ambition laissait un libre cours.
Chacun de ses enfants, nourri sous sa tutelle,
Devint son ennemi, dès qu'il régna sans elle.
Ses mains autour du trône avec confusion
Semaient la jalousie et la division :
Opposant sans relâche, avec trop de prudence,

Les Guises aux Condés, et la France à la France.
Toujours prête à s'unir avec ses ennemis,
Et changeant d'intérêts, de rivaux et d'amis;
Esclave des plaisirs, mais moins qu'ambitieuse:
Infidelle à son culte et superstitieuse,
Possédant en un mot pour n'en pas dire plus,
Les défauts de son sexe, et peu de ses vertus.
Ce mot m'est échappé; pardonnez ma franchise:
Dans ce sexe, après tout, vous n'êtes point comprise:
L'auguste Elisabeth n'en a que les appas;
Le ciel qui vous forma pour régir des états,
Vous fait servir d'exemple à tous tant que nous sommes,
Et l'Europe vous compte au rang des plus grands hommes.

Déjà François second, par un sort imprévu,
Avait rejoint son père au tombeau descendu;
Faible enfant, qui de Guise adorait les caprices,
Et dont on ignorait les vertus et les vices.
Charles, plus jeune encore, avait le nom de roi:
Médicis régnait seule, on tremblait sous sa loi.
D'abord sa politique, assurant sa puissance,
Semblait d'un fils docile éterniser l'enfance:
Sa main, de la discorde allumant le flambeau,
Signala par le sang son empire nouveau;
Elle arma le courroux de deux sectes rivales:
Dreux, qui vit déployer leurs enseignes fatales,
Fut le théâtre affreux de leurs premiers exploits:
Le vieux Montmorenci, près du tombeau des rois,
D'un plomb mortel atteint par une main guerrière,
De cent ans de travaux termina la carrière.

Guise auprès d'Orléans mourut assassiné,
Mon père malheureux, à la cour enchaîné,
Trop faible, et malgé lui servant toujours la Reine,
Traîna dans les affronts sa fortune incertaine;
Et toujours de sa main préparant ses malheurs,
Combattit et mourut pour ses persécuteurs.
Condé qui vit en moi le seul fils de son frère,
M'adopta, me servit et de maître et de père;
Son camp fut mon berceau; là, parmi les guerriers,
Nourri dans la fatigue à l'ombre des lauriers,
De la Cour avec lui dédaignant l'indolence,
Ses combats ont été les jeux de mon enfance.
O plaines de Jarnac! ô coup trop inhumain,
Barbare Montesquiou, moins guerrier qu'assassin,
Condé déjà mourant, tomba sous sa furie.
J'ai vu porter le coup, j'ai vu trancher ta vie:
Hélas! trop jeune encor, mon bras, mon faible bras
Ne put ni prévenir, ni venger son trépas.
Le ciel, qui de mes ans protégeait la faiblesse,
Toujours à des héros confia ma jeunesse.
Coligny, de Condé le digne successeur,
De moi, de mon parti, devint le défenseur;
Je lui dois tout, Madame, il faut que je l'avoue;
Et d'un peu de vertu si l'Europe me loue,
Si Rome a souvent même estimé mes exploits,
C'est à vous, ombre illustre, à vous que je le dois.
Je croissais sous ses yeux, et mon jeune courage
Fit long-temps de la guerre un dur apprentissage.
Il m'instruisait d'exemple au grand art des héros;
Je voyais ce guerrier, blanchi dans les travaux,
Soutenant tout le poids de la cause commune,

Et contre Médicis, et contre la fortune ;
Chéri dans son parti, dans l'autre respecté ;
Malheureux quelquefois, mais toujours redouté ;
Savant dans les combats, savant dans les retraites ;
Plus grand, plus glorieux, plus craint dans ses défaites,
Que Dunois ni Gaston ne l'ont jamais été
Dans le cours triomphant de leur prospérité.
Après dix ans entiers de succès et de pertes,
Médicis, qui voyait nos campagnes couvertes
D'un parti renaissant qu'elle avait cru détruit,
Lasse enfin de combattre et de vaincre sans fruit,
Voulut, sans plus tenter des efforts inutiles,
Terminer d'un seul coup les discordes civiles.
La cour de ses faveurs nous offrit les attraits,
Et n'ayant pu nous vaincre on nous donna la paix.
Quelle paix, juste Dieu ! Dieu vengeur que j'atteste,
Que de sang arrosa son olive funeste !
Ciel ! faut-il voir ainsi les maîtres des humains
Du crime à leurs sujets applanir les chemins !
Coligny, dans son cœur à son prince fidèle,
Aimait toujours la France en combattant contre elle :
Il chérit, il prévint l'heureuse occasion
Qui semblait de l'état assurer l'union.
Rarement un héros connaît la défiance :
Parmi ses ennemis il vint plein d'assurance ;
Jusqu'au milieu du Louvre il conduisit mes pas.
Médicis en pleurant me reçut dans ses bras,
Me prodigua long-temps des tendresses de mère,
Assura Coligny d'une amitié sincère,
Voulait par ses avis se régler désormais,

L'ornait de dignités, le comblait de bienfaits,
Montrait à tous les miens, séduits par l'espérance
Des faveurs de son fils la flatteuse apparence.
Hélas! nous espérions en jouir plus long-temps.
Quelques-uns soupçonnaient ses perfides présents:
Les dons d'un ennemi leur semblaient trop à craindre.
Plus ils se défiaient, plus le Roi savait feindre.
Dans l'ombre du secret depuis peu Médicis
A la fourbe, au parjure avait formé son fils,
Façonnait aux forfaits ce cœur jeune et facile;
Et le malheureux Prince à ses leçons docile,
Par son penchant féroce à les suivre excité,
Dans sa coupable école avait trop profité.
Enfin pour mieux cacher cet horrible mystère,
Il me donna sa sœur, il m'appela son frère.
O nom qui m'as trompé, vains serments, nœud fatal!
Hymen qui de nos maux fus le premier signal!
Tes flambeaux, que du Ciel alluma la colère,
Eclairaient à mes yeux le trépas de ma mère.
Je ne suis point injuste et je ne prétends pas
A Médicis encore imputer son trépas:
J'écarte des soupçons peut-être légitimes,
Et je n'ai pas besoin de lui chercher des crimes.
Ma mère enfin mourut. Pardonnez à des pleurs
Qu'un souvenir si tendre arrache à mes douleurs.
Cependant tout s'apprête, et l'heure est arrivée
Qu'au fatal dénoûment la Reine a réservée.
Le signal est donné sans tumulte et sans bruit:
C'était à la faveur des ombres de la nuit.
De ce mois malheureux l'inégale courrière
Semblait cacher d'effroi sa tremblante lumière.

Coligny languissait dans les bras du repos,
Et le sommeil trompeur lui versait ses pavots.
Soudain de mille cris le bruit épouvantable
Vient arracher ses sens à ce calme agréable.
Il se lève, il regarde, il voit de tous côtés
Courir des assassins à pas précipités;
Il voit briller partout les flambeaux et les armes,
Son palais embrâsé, tout un peuple en alarmes,
Ses serviteurs sanglants dans la flamme étouffés,
Les meurtriers en foule au carnage échauffés,
Criant à haute voix : « Qu'on n'épargne personne!
Frappez, c'est Médicis, c'est le Roi qui l'ordonne. »
Il entend retentir le nom de Coligny :
Il aperçoit de loin le jeune Téligny,
Téligny dont le zèle a mérité sa fille,
L'espoir de son parti, l'honneur de sa famille,
Qui, sanglant, déchiré, traîné par les soldats,
Lui demandait vengeance et lui tendait les bras.
Le Héros malheureux, sans armes, sans défense,
Voyant qu'il faut périr, et périr sans vengeance,
Voulut mourir du moins comme il avait vécu,
Avec toute sa gloire et toute sa vertu.
Déjà des assassins la nombreuse cohorte
Du salon qui l'enferme allait briser la porte;
Il leur ouvre lui-même et se montre à leurs yeux,
Avec cet œil serein, ce front majestueux,
Tel que dans les combats, maître de son courage,
Tranquille il arrêtait ou pressait le carnage.
A cet air vénérable, à cet auguste aspect,
Les meurtriers surpris sont saisis de respect;
Une force inconnue a suspendu leur rage.

Compagnons, leur dit-il, achevez votre ouvrage,
Et de mon sang glacé souillez ces cheveux blancs,
Que le sort des combats respecta quarante ans;
Frappez, ne craignez rien, Coligny vous pardonne;
Ma vie est peu de chose, et je vous l'abandonne.
J'eusse aimé mieux la perdre en combattant pour vous....
Ces tigres, à ces mots, tombent à ses genoux;
L'un saisi d'épouvante abandonne ses armes,
L'autre embrasse ses pieds qu'il trempe de ses larmes,
Et de ses assassins ce grand homme entouré,
Semblait un roi puissant par son peuple adoré.
Besme, qui dans la cour attendait sa victime,
Monte, accourt, indigné qu'on diffère son crime,
Des assassins trop lents il veut hâter les coups;
Aux pieds de ce héros, il les voit trembler tous.
A cet objet touchant lui seul est inflexible;
Lui seul, à la pitié toujours inaccessible,
Aurait cru faire un crime et trahir Médicis,
Si du moindre remords il se sentait surpris.
A travers les soldats, il court d'un pas rapide;
Coligny l'attendait d'un visage intrépide:
Et bientôt dans le flanc ce monstre furieux
Lui plonge son épée en détournant les yeux,
De peur que d'un coup-d'œil cet auguste visage
Ne fît trembler son bras, et glaçât son courage.

Du plus grand des Français tel fut le triste sort;
On l'insulte, on l'outrage encore après sa mort.
Son corps percé de coups, privé de sépulture,
Des oiseaux dévorants fut l'indigne pâture;
Et l'on porta sa tête aux pieds de Médicis,

Conquête digne d'elle, et digne de son fils.
Médicis la reçut avec indifférence,
Sans paraître jouir du fruit de sa vengeance,
Sans remords, sans plaisir, maîtresse de ses sens,
Et comme accoutumée à de pareils présents.

Qui pourrait cependant exprimer les ravages
Dont cette nuit cruelle étala les images (1) ?
La mort de Coligny (2), prémices des horreurs,
N'était qu'un faible essai de toutes leurs fureurs.
D'un peuple d'assassins les troupes effrénées,
Par devoir et par zèle au carnage acharnées,
Marchaient, le fer en main, les yeux étincelants,
Sur les corps étendus de nos frères sanglants.
Guise était à leur tête, et bouillant de colère,
Vengeait sur tous les miens les mânes de son père.
Nevers, Gondi, Tavanne, un poignard à la main,
Echauffaient les transports de leur zèle inhumain;
Et portant devant eux la liste de leurs crimes,
Les conduisaient au meurtre, et marquaient les victimes.

Je ne vous peindrai point le tumulte et les cris,

---

(1) L'ambition des grands, des raisons de politique, des menaces de la part des Hérétiques donnèrent lieu à cette terrible exécution, mais la Religion n'y eut aucune part : elle sait souffrir, et non se venger.

(2) On ne peut nier que ce grand capitaine n'ait eu de brillantes qualités; mais il est également certain qu'il en ternit entièrement l'éclat par des rebellions, qui plongèrent la France dans un abyme de malheurs.

Le sang de tout côté ruisselant dans Paris,
Le fils assassiné sur le corps de son père,
Le frère avec la sœur, la fille avec la mère,
Les époux expirants sous leurs toits embrasés,
Les enfants au berceau sur la pierre écrasés,
O combien de héros indignement périrent!
Renel et Pardaillan chez les morts descendirent;
Et vous, brave Guerchy, vous, sage Lavardin,
Digne de plus de vie et d'un autre destin.
Parmi les malheureux que cette nuit cruelle
Plongea dans les horreurs d'une nuit éternelle,
Marsillac et Soubise au trépas condamnés,
Défendent quelque temps leurs jours infortunés.
Sanglants, percés de coups, et respirant à peine,
Jusqu'aux portes du Louvre, on les pousse, on les traîne:
Ils teignent de leur sang ce palais odieux,
En implorant leur Roi, qui les trahit tous deux.
Du haut de ce palais excitant la tempête,
Médicis à loisir contemplait cette fête;
Ses cruels favoris, d'un regard curieux,
Voyaient les flots de sang regorger sous leurs yeux,
Et de Paris en feu les ruines fatales
Etaient de ces héros les pompes triomphales.
Que dis-je? ô crime! ô honte! ô comble de nos maux!
Le Roi, le Roi lui-même au milieu des bourreaux,
Poursuivant des proscrits les troupes égarées,
Du sang de ses sujets souillait ses mains sacrées:
Et ce même Valois que je sers aujourd'hui,
Ce Roi qui par ma bouche implore votre appui,

Partageant les forfaits de son barbare frère,
A ce honteux carnage excitait sa colère.
Non qu'après tout Valois ait un cœur inhumain,
Rarement dans le sang il a trempé sa main;
Mais l'exemple du crime assiégeait sa jeunesse,
Et sa cruauté même était une faiblesse.

Quelques-uns, il est vrai, dans la foule des morts,
Du fer des assassins trompèrent les efforts.
De Caumont, jeune enfant, l'étonnante aventure
Ira de bouche en bouche à la race future.
Son vieux père, accablé sous le fardeau des ans,
Se livrait au sommeil entre ses deux enfants;
Un lit seul enfermait et les fils et le père.
Les meurtriers ardents, qu'aveuglait la colère,
Sur eux à coups pressés enfoncent le poignard:
Sur ce lit malheureux la mort vole au hasard.
L'Eternel en ses mains tient seul nos destinées:
Il sait, quand il lui plaît, veiller sur nos années,
Tandis qu'en ses fureurs l'homicide est trompé.
D'aucun coup, d'aucun trait Caumont ne fut frappé
Un invisible bras, armé pour sa défense,
Aux mains des meurtriers dérobait son enfance;
Son père à son côté sous mille coups mourant,
Le couvrait tout entier de son corps expirant;
Et du peuple et du Roi trompant la barbarie
Une seconde fois il lui donna la vie.

Cependant, que faisais-je en ces affreux moments?
Hélas! trop assuré sur la foi des serments,
Tranquille au fond du Louvre, et loin du bruit des armes,
Mes sens d'un doux repos goûtaient encor les charmes

O nuit! nuit effroyable! ô funeste sommeil!
L'appareil de la mort éclaira mon réveil.
On avait massacré mes plus chers domestiques,
Le sang de tous côtés inondait mes portiques;
Et je n'ouvris les yeux que pour envisager
Les miens que sur le marbre on venait d'égorger.
Les assassins sanglants vers mon lit s'avancèrent,
Leurs parricides mains devant moi se levèrent;
Je touchais au moment qui terminait mon sort;
Je présentai ma tête, et j'attendis la mort.
Mais soit qu'un vieux respect pour le sang de leurs maîtres
Parlât encor pour moi dans le cœur de ces traîtres;
Soit que de Médicis l'ingénieux courroux
Trouvât pour moi la mort un supplice trop doux;
Soit qu'enfin s'assurant d'un port durant l'orage,
Sa prudente fureur me gardât pour ôtage;
On réserva ma vie à de nouveaux revers,
Et bientôt de sa part on m'apporta des fers.
Coligny, plus heureux et plus digne d'envie,
Du moins en succombant ne perdit que la vie;
Sa liberté, sa gloire au tombeau le suivit....
Vous frémissez, Madame, à cet affreux récit:
Tant d'horreur vous surprend; mais de leur barbarie
Je ne vous ai conté que la moindre partie.
On eût dit que, du haut de son Louvre fatal,
Médicis à la France eût donné le signal.
Tout imita Paris; la mort, sans résistance,
Couvrit en un moment la face de la France.

CHANT III.

SOMMAIRE.

Le héros continue l'histoire des guerres civiles de France. Mort funeste de Charles IX. Règne de Henri III. Son caractère, Celui du fameux duc de Guise, connu sous le nom de Balafré. *Bataille de Coutras. Meurtre du duc de Guise. Extrémités où Henri III est réduit. Mayenne est le chef de la ligue. D'Aumale en est le héros. Réconciliation de Henri III et de Henri, roi de Navarre. Secours que promet la reine Élisabeth. Sa réponse à Henri de Bourbon.*

Quand l'arrêt des destins eut, durant quelques jours,
A tant de cruautés permis un libre cours,
Et que des assassins, fatigués de leurs crimes,
Les glaives émoussés manquèrent de victimes;
Le peuple, dont la Reine avait armé le bras,
Ouvrit enfin les yeux, et vit ses attentats.
Aisément sa pitié succède à sa furie;

Il entendit gémir la voix de sa patrie.
Bientôt Charles lui-même en fut saisi d'horreur;
Le remords dévorant s'éleva dans son cœur;
Des premiers ans du Roi la funeste culture
N'avait que trop en lui corrompu la nature;
Mais elle n'avait point étouffé cette voix
Qui jusques sur le trône épouvante les Rois.
Par sa mère élevé, nourri dans ses maximes,
Il n'était point comme elle endurci dans les crimes:
Le chagrin vint flétrir la fleur de ses beaux jours,
Une langueur mortelle en abrégea le cours:
Dieu déployant sur lui sa vengeance sévère,
Marqua ce Roi mourant au sceau de sa colère,
Et par son châtiment voulut épouvanter
Quiconque à l'avenir oserait l'imiter.
Je le vis expirant. Cette image effrayante
A mes yeux attendris semble être encor présente.
Son sang à gros bouillons de son corps élancé,
Vengeait le sang français par ses ordres versé;
Il se sentait frappé d'une main invisible;
Et le peuple, étonné de cette fin terrible,
Plaignit ce Roi si jeune et si tôt moissonné,
Un Roi, par les méchants dans le crime entraîné,
Et dont le repentir promettait à la France
D'un empire plus doux quelque faible espérance.
　Soudain du fond du nord, au bruit de son trépas,
L'impatient Valois accourant à grands pas,
Vint saisir dans ces lieux tout fumants de carnage,
D'un frère infortuné le sanglant héritage.
　La Pologne en ce temps avait, d'un commun
　　choix,

Au rang des Jagellons placé l'heureux Valois;
Son nom, plus redouté que les plus puissants Princes,
Avait gagné pour lui les voix de cent provinces.
C'est un poids bien pesant qu'un nom trop tôt fameux :
Valois ne soutint pas ce fardeau dangereux.
Qu'il ne s'attende point que je le justifie;
Je lui peux immoler mon repos et ma vie;
Tout, hors la vérité que je préfère à lui;
Je le plains, je le blâme, et je suis son appui.
Sa gloire avait passé comme une ombre légère.
Ce changement est grand, mais il est ordinaire.
On a vu plus d'un roi, par un triste retour,
Vainqueur dans les combats, esclave dans sa cour.
Reine, c'est dans l'esprit qu'on voit le vrai courage.
Valois reçut des Cieux des vertus en partage.
Il est vaillant, mais faible; et, moins roi que soldat,
Il n'a de fermeté qu'en un jour de combat.
Ses honteux favoris flattant son indolence,
De son cœur à leur gré gouvernaient l'inconstance
Au fond de son palais avec lui renfermés,
Sourds aux cris douloureux des peuples opprimés,
Ils dictaient par sa voix leurs volontés funestes;
Des trésors de la France ils dissipaient les restes;
Et le peuple accablé, poussant de vains soupirs,
Gémissait de leur luxe, et payait leurs plaisirs.
Tandis que sous le joug de ses maîtres avides,
Valois pressait l'État du fardeau des subsides,
On vit paraître Guise, et le peuple inconstant

Tourna bientôt ses yeux vers cet astre éclatant.
Sa valeur, ses exploits, la gloire de son père,
Sa grace, sa beauté, cet heureux don de plaire,
Qui mieux que la vertu sait régner sur les cœurs,
Attiraient tous les vœux par des charmes vainqueurs.
Nul ne sut mieux que lui le grand art de séduire;
Nul sur ses passions n'eut jamais plus d'empire,
Et ne sut mieux cacher, sous des dehors trompeurs,
Des plus vastes desseins les sombres profondeurs:
Altier, impérieux, mais souple et populaire,
Des peuples en public il plaignait la misère.
Détestait des impôts le fardeau rigoureux;
Le pauvre allait le voir et revenait heureux:
Il savait prévenir la timide indigence;
Ses bienfaits dans Paris annonçaient sa présence:
Il se faisait aimer des grands qu'il haïssait,
Terrible et sans retour alors qu'il offensait;
Téméraire en ses vœux, sage en ses artifices,
Brillant par ses vertus, et même par ses vices,
Connaissant le péril, et ne redoutant rien;
Heureux guerrier, grand prince, et mauvais citoyen.
Quand il eut quelque temps essayé sa puissance,
Et du peuple aveuglé cru fixer l'inconstance,
Il ne se cacha plus, et vint ouvertement
Du trône de son Roi briser le fondement.
Il forma dans Paris cette ligue funeste,
Qui bientôt de la France infecta tout le reste;
Monstre affreux, qu'ont nourri les peuples et les grands,

Engraissé de carnage et fertile en tyrans.
  La France dans son sein vit alors deux Monarques :
L'un n'en possédait plus que les frivoles marques ;
L'autre, inspirant partout l'espérance ou l'effroi,
A peine avait besoin du vain titre de Roi.
  Valois se réveilla du sein de son ivresse.
Ce bruit, cet appareil, ce danger qui le presse,
Ouvrirent un moment ses yeux appesantis :
Mais du jour importun ses regards éblouis,
Ne distinguèrent point, au fort de la tempête,
Les foudres menaçants qui grondaient sur sa tête :
Et bientôt, fatigué d'un moment de réveil,
Las et se rejetant dans les bras du sommeil,
Entre ses favoris, et parmi les délices,
Tranquille, il s'endormit au bord des précipices.
  Je lui restais encore, et tout près de périr,
n'avait plus que moi qui pût le secourir :
Héritier après lui du trône de la France,
Mon bras sans balancer s'armait pour sa défense :
J'offrais à sa faiblesse un nécessaire appui ;
Je courais le sauver, ou me perdre avec lui.
  Mais Guise, trop habile, et trop savant à nuire,
L'un par l'autre en secret songeait à nous détruire.
Que dis-je ? il obligea Valois à se priver
De l'unique soutien qui le pouvait sauver.
De la Religion le prétexte ordinaire
Fut un voile honorable à cet affreux mystère.
Par sa feinte vertu tout le peuple échauffé
Ranima son courroux encor mal étouffé.
Il leur représentait le culte de leurs pères,
Les derniers attentats des sectes étrangères,

Me peignait ennemi de l'Eglise et de Dieu :
« Il porte, disait-il, ses erreurs en tout lieu ;
» Il suit d'Elisabeth les dangereux exemples ;
» Sur vos temples détruits il va fonder ses Temples ;
» Vous verrez dans Paris ses prêches criminels ».

Tout le peuple à ces mots trembla pour ses autels.
Jusqu'au palais du Roi l'alarme en est portée.
La Ligue, qui feignait d'en être épouvantée,
Vint de la part de Rome annoncer à son Roi,
Que Rome lui défend de s'unir avec moi.
Hélas! le Roi trop faible obéit sans murmure :
Et lorsque je volais pour venger son injure,
J'apprends que mon beau-frère, à la Ligue soumis,
S'unissait, pour me perdre, avec ses ennemis ;
De soldats malgré lui couvrait déjà la terre,
Et par timidité me déclarait la guerre.

Je plaignis sa faiblesse, et sans rien ménager,
Je courus le combattre au lieu de le venger.
De la Ligue, en cent lieux, les villes alarmées,
Contre moi dans la France enfantaient des armées :
Joyeuse, avec ardeur, venait fondre sur moi,
Ministre impétueux des faiblesses du Roi.
Guise, dont la prudence égalait le courage,
Dispersait mes amis, leur fermait le passage.
D'armes et d'ennemis pressé de toutes parts,
Je les défiai tous, et tentai les hasards.

Je cherchai dans Coutras ce superbe Joyeuse.
Vous savez sa défaite, et sa fin malheureuse.
Je dois vous épargner des récits superflus.
— Non, je ne reçois point vos modestes refus.
Non, ne me privez point, dit l'auguste Princesse,

D'un récit qui m'éclaire autant qu'il m'intéresse ;
N'oubliez point ce jour, ce grand jour de Coutras,
Vos travaux, vos vertus, Joyeuse, et son trépas.
L'auteur de tant d'exploits doit seul me les apprendre,
Et peut-être je suis digne de les entendre.
Elle dit. Le Héros, à ce discours flatteur,
Sentit couvrir son front d'une noble rougeur ;
Et réduit à regret à parler de sa gloire,
Il poursuivit ainsi cette fatale histoire.
— De tous les favoris qu'idolâtrait Valois,
Qui flattaient sa mollesse, et lui donnaient des lois,
Joyeuse, né d'un sang chez les Français insigne,
D'une faveur si haute était le moins indigne :
Il avait des vertus, et si de ses beaux jours
La Parque en ce combat n'eût abrégé le cours,
Sans doute aux grands exploits son âme accoutumée
Aurait de Guise un jour atteint la renommée.
Mais nourri jusqu'alors dans le sein du bonheur
Au milieu des plaisirs, dans un charme trompeur,
Il n'eut à m'opposer qu'un excès de courage,
Dans un jeune héros dangereux avantage.
Les courtisans en foule attachés à son sort,
Du sein des voluptés s'avançaient à la mort.
Ardents, tumultueux, privés d'expérience,
Ils portaient au combat leur superbe imprudence :
Orgueilleux de leur pompe, et fiers d'un camp nombreux,
Sans ordre ils s'avançaient d'un pas impétueux.
D'un éclat différent mon camp frappait leur vue :
Mon armée en silence à leurs yeux étendue,

N'offrait de tous côtés que farouches soldats,
Endurcis aux travaux, vieillis dans les combats,
Accoutumés au sang et couverts de blessures :
Leur fer et leur mousquet composaient leurs parures.
Comme eux vêtu sans pompe, armé de fer comme eux,
Je conduisais aux coups leurs escadrons poudreux,
Comme eux, de mille morts affrontant la tempête,
Je n'étais distingué qu'en marchant à leur tête.
Je vis nos ennemis vaincus et renversés,
Sous nos coups expirants, devant nous dispersés :
A regret dans leur sein j'enfonçais cette épée,
Qui du sang Espagnol eût été mieux trempée.
Il le faut avouer, parmi ces courtisans,
Que moisonna le fer en la fleur de leurs ans,
Aucun ne fut percé que de coups honorables ;
Tous fermes dans leur poste et tous inébranlables,
Ils voyaient devant eux avancer le trépas,
Sans détourner les yeux, sans reculer d'un pas.
Des courtisans Français tel est le caractère :
La paix n'amollit point leur valeur ordinaire :
De l'ombre du repos ils volent aux hasards :
Vils flatteurs à la cour, héros aux champs de Mars.
Pour moi dans les horreurs d'une mêlée affreuse,
J'ordonnai, mais en vain, qu'on épargnât Joyeuse,
Je l'aperçus bientôt porté par des soldats,
Pâle et déjà couvert des ombres du trépas.
Telle une tendre fleur qu'un matin voit éclore
Des baisers du Zéphyr et des pleurs de l'Aurore,
Brille un moment aux yeux, et tombe avant le temps
Sous le tranchant du fer, ou sous l'effort des vents.

Mais pourquoi rappeler cette triste victoire?
Que ne puis-je plutôt ravir à la mémoire
Les cruels monuments de ces affreux succès!
Mon bras n'est encor teint que du sang des Français:
Ma grandeur, à ce prix, n'a point pour moi de charmes,
Et mes lauriers sanglants sont baignés de mes larmes.

Ce malheureux combat ne fit qu'approfondir
L'abyme dont Valois voulait enfin sortir.
Il fut plus méprisé, quand on vit sa disgrace;
Paris fut moins soumis, la Ligue eut plus d'audace;
Et la gloire de Guise, aigrissant ses douleurs,
Ainsi que ses affronts, redoubla ses malheurs.
Guise dans Vimori, d'une main plus heureuse,
Vengea sur les Germains la perte de Joyeuse,
Accabla dans Auneau mes alliés surpris,
Et couvert de lauriers se montra dans Paris.
Ce vainqueur y parut comme un Dieu tutélaire.
Valois vit triompher son superbe adversaire,
Qui toujours insultant à ce prince abattu,
Semblait l'avoir servi moins que l'avoir vaincu.

La honte irrite enfin le plus faible courage:
L'insensible Valois ressentit cet outrage;
Il voulut, d'un sujet réprimant la fierté,
Essayer dans Paris sa faible autorité.
Il n'en était plus temps; la tendresse, la crainte
Pour lui dans tous les cœurs était alors éteinte:
Son peuple audacieux, prompt à se mutiner,
Le prit pour un tyran dès qu'il voulut régner.
On s'assemble, on conspire, on répand les alarmes;

Tout bourgeois est soldat, tout Paris est en armes:
Mille remparts naissants, qu'un instant a formés,
Menacent de Valois les gardes enfermés.
Guise, tranquille et fier au milieu de l'orage,
Précipitait du peuple ou retenait la rage,
De la sédition gouvernait les ressorts,
Et faisait à son gré mouvoir ce vaste corps.
Tout le peuple au palais courait avec furie:
Si Guise eût dit un mot, Valois était sans vie:
Mais lorsque d'un coup-d'œil il pouvait l'accabler,
Il parut satisfait de l'avoir fait trembler,
Et des mutins lui-même arrêtant la poursuite,
Lui laissa par pitié le pouvoir de la fuite.
Enfin Guise attenta, quel que fût son projet,
Trop peu pour un tyran, mais trop pour un sujet.
Quiconque a pu forcer son monarque à le craindre,
A tout à redouter, s'il ne veut tout enfreindre.
Guise, en ses grands desseins dès ce jour affermi,
Vit qu'il n'était plus temps d'offenser à demi;
Et qu'élevé si haut, mais sur un précipice,
S'il ne montait au trône, il marchait au supplice.
Enfin, maître absolu d'un peuple révolté,
Le cœur plein d'espérance et de témérité,
Appuyé des Romains, secouru des Ibères,
Adoré des Français, secondé de ses frères,
Ce sujet orgueilleux crut ramener ces temps
Où de nos premiers Rois les lâches descendants,
Déchus presqu'en naissant de leur pouvoir suprême,
Sans lutte, sans efforts, quittaient le diadême,
Et dans l'ombre d'un cloître en secret gémissants,
Abandonnaient l'empire aux mains de leurs tyrans.

Valois qui cependant différait sa vengeance,
Tenait alors dans Blois les États de la France.
Peut-être on vous a dit quels furent ces États :
On proposa des lois qu'on n'exécuta pas ;
De mille députés l'éloquence stérile
Y fit de nos abus un détail inutile ;
Car de tant de conseils l'effet le plus commun
Est de voir tous nos maux sans en soulager un.
Au milieu des États Guise avec arrogance,
De son Prince offensé vint braver la présence,
S'assit auprès du trône, et, sûr de ses projets,
Crut dans ces députés voir autant de sujets.
Déjà leur troupe indigne à son tyran vendue,
Allait mettre en ses mains la puissance absolue ;
Lorsque, las de le craindre et las de l'épargner,
Valois voulut enfin se venger et régner.
Son rival chaque jour soigneux de lui déplaire,
Dédaigneux ennemi, méprisait sa colère ;
Ne soupçonnant pas même, en ce Prince irrité,
Pour un assassinat assez de fermeté.
Son destin l'aveuglait ; son heure était venue.
Le Roi le fit lui-même immoler à sa vue ;
De cent coups de poignard indignement percé,
Son orgueil en mourant ne fut point abaissé ;
Et ce front, que Valois craignait encor peut-être,
Tout pâle et tout sanglant semblait braver son maître.
C'est ainsi que mourut ce sujet tout-puissant,
De vices, de vertus assemblage éclatant.
Le Roi, dont il ravit l'autorité suprême,
Le souffrit lâchement, et s'en vengea de même.
Bientôt ce bruit affreux se répand dans Paris.

Le peuple épouvanté remplit l'air de ses cris.
Les vieillards désolés, les femmes éperdues,
Vont du malheureux Guise embrasser les statues.
Tout Paris croit avoir, en ce pressant danger,
L'Eglise à soutenir, et son père à venger.
De Guise au milieu d'eux le redoutable frère,
Mayenne à la vengeance anime leur colère,
Et plus par intérêt que par ressentiment,
Il allume en cent lieux ce grand embrâsement.
Mayenne dès long-temps nourri dans les alarmes,
Sous le superbe Guise avait porté les armes;
Il succède à sa gloire ainsi qu'à ses desseins;
Le sceptre de la Ligue a passé dans ses mains.
Cette grandeur sans borne, à ses désirs si chère,
Le console aisément de la perte d'un frère;
Il servait à regret, et Mayenne aujourd'hui
Aime mieux le venger que de marcher sous lui.
Mayenne a, je l'avoue, un courage héroïque;
Il sait, par une heureuse et sage politique,
Réunir sous ses lois mille esprits différents,
Ennemis de leur maître, esclaves des tyrans:
Il connaît leurs talents, il sait en faire usage;
Souvent du malheur même il tire un avantage.
Guise avec plus d'éclat éblouissait les yeux,
Fut plus grand, plus héros, mais non plus dangereux.
Voilà quel est Mayenne et quelle est sa puissance!
Autant la Ligue altière espère en sa prudence,
Autant le jeune Aumale, au cœur présomptueux,
Répand dans les esprits son courage orgueilleux.
D'Aumale est du parti le bouclier terrible:
Il a jusqu'aujourd'hui le titre d'invincible.

Mayenne qui le guide au milieu des combats,
Est l'âme de la Ligue et l'autre en est le bras.
Cependant des Flamands l'oppresseur politique,
Ce voisin dangereux, ce tyran despotique,
Ce roi dont l'artifice est le plus grand soutien,
Ce roi votre ennemi, mais plus encor le mien,
Philippe, de Mayenne embrassant la querelle,
Soutient de nos rivaux la cause criminelle.
Des deux bouts de l'Europe, à mes regards surpris,
Tous les malheurs ensemble accourent dans Paris.
Enfin roi sans sujets, poursuivi sans défense,
Valois s'est vu forcé d'implorer ma puissance.
Il m'a cru généreux, et ne s'est point trompé,
Des malheurs de l'état mon cœur s'est occupé;
Un danger si pressant a fléchi ma colère;
Je n'ai plus dans Valois regardé qu'un beau-frère:
Mon devoir l'ordonnait, j'en ai subi la loi;
Et roi, j'ai défendu l'autorité d'un roi.
Je suis venu vers lui, sans traité, sans ôtage:
Votre sort, ai-je dit, est dans votre courage:
Venez mourir ou vaincre aux remparts de Paris.
Alors un noble orgueil a rempli ses esprits:
Je ne me flatte point avoir pu dans son âme
Verser par mon exemple une si belle flamme;
Sa disgrace a sans doute éveillé sa vertu:
Il gémit du repos qui l'avait abattu.
Valois avait besoin d'un destin si contraire:
Et souvent l'infortune aux rois est nécessaire.
Tels étaient de Henri les sincères discours,
Des Anglais cependant il presse le secours
Déjà du haut des murs de la ville rebelle,

La voix de la victoire en son camp le rappelle ;
Mille jeunes Anglais vont bientôt sur ses pas,
Fendre le sein des mers et chercher les combats.
Essex est à leur tête ; Essex dont la vaillance
A des fiers Castillans confondu la prudence,
Et qui ne croyait pas qu'un indigne destin
Dût flétrir les lauriers qu'avait cueillis sa main.
Henri ne l'attend point, ce Chef que rien n'arrête,
Impatient de vaincre, à son départ s'apprête :
— Allez, lui dit la Reine, allez digne Héros ;
Mes guerriers sur vos pas traverseront les flots.
Non, ce n'est point Valois, c'est vous qu'ils veulent suivre ;
A vos soins généreux mon amitié se livre.
Au milieu des combats vous les verrez courir,
Plus pour vous imiter que pour vous secourir.
Formés par votre exemple au grand art de la guerre,
Ils apprendront sous vous à servir l'Angleterre.
Puisse bientôt la Ligue expirer sous vos coups !
Et vous verrez tomber la France à vos genoux.

CHANT IV.

SOMMAIRE.

D'Aumale était près de se rendre maître du camp de Henri III, lorsque le Héros revenant d'Angleterre, combat les Ligueurs, et fait changer la fortune. La Discorde console Mayenne et vole à Rome. Elle se présente au Souverain Pontife, sous la figure de l'Eglise, pour demander que Henri soit éloigné du trône jusqu'à ce qu'il ait embrassé la foi Catholique. De là elle vole en Espagne, où elle concerte avec la Politique les moyens de ravager la France. Elle revient avec elle à Paris et anime les Seize contre le Parlement. On livre à la main du bourreau des Magistrats qui tenaient pour le parti des Rois. Troubles et confusion horrible dans Paris.

TANDIS que, poursuivant leurs entretiens secrets,
Et pesant à loisir de si grands intérêts,
Ils épuisaient tous deux la science profonde
De combattre, de vaincre, et de régir le monde,
La Seine avec effroi voit sur ses bords sanglants

Les drapeaux de la Ligue abandonnés aux vents.
Valois, loin de Henri, rempli d'inquiétude,
Du destin des combats craignait l'incertitude.
A ses desseins flottants il fallait un appui;
Il attendait Bourbon, sûr de vaincre avec lui.
Par ces retardements les Ligueurs s'enhardirent;
Des portes de Paris leurs légions sortirent:
Le superbe d'Aumale, et Nemours et Brissac,
Le farouche Saint-Paul, la Châtre, Canillac,
D'un coupable parti défenseurs intrépides,
Epouvantaient Valois de leurs succès rapides;
Et ce Roi, trop souvent sujet au repentir,
Regrettait le Héros qu'il avait fait périr.
Parmi ces combattants, ennemis de leur maître,
Un frère de Joyeuse osa long-temps paraître.
Mais de tant de guerriers celui dont la valeur
Inspira plus d'effroi, répandit plus d'horreur,
Dont le cœur fut plus fier et la main plus fatale,
Ce fut vous, jeune prince, impétueux d'Aumale,
Vous, né du sang Lorrain, si fécond en héros,
Vous ennemi des rois, des lois et du repos.
La fleur de la jeunesse en tout temps l'accompagne:
Avec eux sans relâche il fond dans la campagne;
Tantôt dans le silence, et tantôt à grand bruit,
A la clarté des Cieux, à l'ombre de la nuit,
Chez l'ennemi surpris portant partout la guerre,
Du sang des assiégeants son bras couvrait la terre.
Tels du front de Caucase ou du sommet d'Athos,
D'où l'œil découvre au loin, l'air, la terre et les flots;
Les aigles, les vautours aux ailes étendues,
D'un vol précipité fendant les vastes nues,

Vont dans les champs de l'air enlever les oiseaux,
Dans les bois, sur les prés déchirent les troupeaux ;
Et dans les flancs affreux de leurs roches sanglantes,
Remportent à grands cris ces dépouilles vivantes.
Déjà plein d'espérance, et de gloire enivré,
Aux tentes de Valois il avait pénétré.
La nuit et la surprise augmentaient les alarmes,
Tout pliait, tout tremblait, tout cédait à ses armes.
Cet orageux torrent, prompt à se déborder,
Dans son choc ténébreux allait tout inonder.
L'étoile du matin commençait à paraître ;
Mornay, qui précédait le retour de son maître,
Voyait déjà les tours du superbe Paris.
D'un bruit mêlé d'horreur il est soudain surpris.
Il court, il aperçoit dans un désordre extrême
Les soldats de Valois, et ceux de Bourbon même :
« Juste Ciel ! est-ce ainsi que vous nous attendiez ?
» Henri va vous défendre ; il vient, et vous fuyez !
» Vous fuyez, compagnons » ! Au son de sa parole,
Comme on vit autrefois au pied du Capitole
Le fondateur de Rome opprimé des Sabins,
Au nom de Jupiter arrêter ses Romains,
Au seul nom de Henri les Français se rallient :
La honte les enflamme, ils marchent, ils s'écrient :
Qu'il vienne ce Héros, nous vaincrons sous ses yeux.
Henri dans le moment paraît au milieu d'eux,
Brillant comme l'éclair au fort de la tempête.
Il vole aux premiers rangs ; il s'avance à leur tête ;
Il combat, on le suit, il change les destins ;
La foudre est dans ses yeux, la mort est dans ses mains.
Tous les chefs ranimés autour de lui s'empressent ;

La victoire revient, les Ligueurs disparaissent,
Comme aux rayons du jour qui s'avance et qui luit
S'est dissipé l'éclat des astres de la nuit.
C'est en vain que d'Aumale arrête sur ces rives
Des siens épouvantés les troupes fugitives;
Sa voix pour un moment les rappelle aux combats:
La voix du grand Henri précipite leurs pas:
De son front menaçant la terreur les renverse;
Leur chef les réunit, la crainte les disperse.
D'Aumale est avec eux dans leur fuite entraîné;
Tel que du haut d'un mont de frimas couronné,
Au milieu des glaçons et des neiges fondues,
Tombe et roule un rocher qui menaçait les nues.
Mais que dis-je? il s'arrête, il montre aux assiégeants,
Il montre encor ce front redouté si long-temps.
Des siens qui l'entraînaient fougueux il se dégage,
Honteux de vivre encore il revole au carnage,
Il arrête un moment son vainqueur étonné;
Mais d'ennemis bientôt il est environné.
La mort allait punir son audace fatale.
La Discorde le vit et trembla pour d'Aumale;
La barbare qu'elle est a besoin de ses jours;
Elle s'élève en l'air et vole à son secours.
Elle approche, elle oppose au nombre qui l'accable
Son bouclier de fer, immense, impénétrable,
Qui commande au trépas, qu'accompagne l'horreur,
Et dont la vue inspire ou la rage ou la peur.
O fille de l'Enfer, Discorde inexorable,
Pour la première fois tu parus secourable.
Tu sauvas un Héros, tu prolongeas son sort,

De cette même main, ministre de la mort,
De cette main barbare, accoutumée aux crimes,
Qui jamais jusques-là n'épargna ses victimes.
Elle entraîne d'Aumale aux portes de Paris,
Sanglant, couvert de coups qu'il n'avait point sentis.
Elle applique à ses maux une main salutaire;
Elle étanche ce sang répandu pour lui plaire:
Mais tandis qu'à son corps elle rend la vigueur,
De ses mortels poisons elle infecte son cœur.
Tel souvent un tyran, dans sa pitié cruelle,
Suspend d'un malheureux la sentence mortelle;
A ses crimes secrets il fait servir son bras,
Et quand ils sont commis, il le rend au trépas.
Henri sait profiter de ce grand avantage,
Dont le sort des combats honora son courage.
Des moments de la guerre il connaît tout le prix;
Il presse au même instant ses ennemis surpris:
Il veut que les assauts succèdent aux batailles;
Il fait tracer leur perte autour de leurs murailles.
Valois plein d'espérance, et fort d'un tel appui,
Donne aux soldats l'exemple, et le reçoit de lui;
Il soutient les travaux, il brave les alarmes.
La peine a ses plaisirs, le péril a ses charmes.
Tous les chefs sont unis, tout succède à leurs vœux;
Et bientôt la terreur qui marche devant eux,
Des assiégés tremblants dissipant les cohortes,
A leurs yeux éperdus allait briser leurs portes.
Que peut faire Mayenne en ce péril pressant?
Mayenne a pour soldats un peuple gémissant:
Ici, la fille en pleurs lui redemande un père;
Là, le frère effrayé pleure au tombeau d'un frère:

Chacun plaint le présent et craint pour l'avenir ;
Ce grand corps alarmé ne peut se réunir.
On s'assemble, on consulte, on veut fuir ou se rendre,
Tous sont irrésolus , nul ne veut se défendre.
Tant le faible vulgaire , avec légèreté ,
Fait succéder la peur à la témérité !
Mayenne en frémissant voit leur troupe éperdue.
Cent desseins partageaient son âme irrésolue ,
Quand soudain la Discorde aborde ce Héros ,
Fait siffler ses serpents et lui parle en ces mots :
Digne héritier d'un nom redoutable à la France ,
Toi qu'unit avec moi le fruit de ta vengeance ,
Toi nourri sous mes yeux, et formé sous mes lois,
Entends ta protectrice , et reconnais ma voix.
Ne crains rien de ce peuple imbécille et volage ,
Dont un faible malheur a glacé le courage ;
Leurs esprits sont à moi , leurs cœurs sont dans mes mains ;
Tu les verras bientôt secondant nos desseins ,
De mon fiel abreuvés , à mes fureurs en proie ,
Combattre avec audace et mourir avec joie.
La discorde aussitôt , plus prompte qu'un éclair ,
Fend d'un vol assuré les campagnes de l'air.
Partout chez les Français le trouble et les alarmes
Présentent à ses yeux des objets pleins de charmes:
Son haleine en cent lieux répand l'aridité ,
Le fruit meurt en naissant dans son germe infecté :
Les épis renversés sur la terre languissent ;
Le Ciel s'en obscurcit , les astres en pâlissent ;
Et la foudre en éclats , qui gronde sous ses pieds,
Semble annoncer la mort aux peuples effrayés.

Un tourbillon la porte à ces rives fécondes,
Que l'Éridan rapide arrose de ses ondes.
Rome enfin se découvre à ses regards cruels,
Rome jadis son temple et l'effroi des mortels,
Rome dont le destin dans la paix, dans la guerre,
Est d'être en tous les temps maîtresse de la terre.
Par le sort des combats on la vit autrefois
Sur leurs trônes sanglants enchaîner tous les rois.
L'univers fléchissait sous son aigle terrible:
Elle exerce en nos jours un pouvoir plus paisible:
On la voit sous son joug asservir ses vainqueurs,
Gouverner les esprits et commander aux cœurs.
Là, Dieu même a fondé son Eglise naissante,
Tantôt persécutée, et tantôt triomphante:
Là, son premier Apôtre avec la vérité
Conduisit la candeur et la simplicité.
Ses successeurs heureux à l'envi l'imitèrent,
D'autant plus respectés que plus ils s'abaissèrent.
Leur front d'un vain éclat n'était point revêtu,
La pauvreté soutint leur austère vertu,
Et jaloux des seuls biens qu'un vrai Chrétien désire,
Du fond de leur chaumière ils volaient au martyre.
Le Ciel, pour dissiper d'éternelles frayeurs,
Aux successeurs de Pierre accorda des grandeurs.
Rome, depuis long-temps aux factions livrée,
Des fureurs des méchants ne fut plus déchirée;
Sur les pompeux débris de Bellone et de Mars,
Dieu plaça son pontife au trône des Césars.
Des prêtres vertueux coulent des jours tranquilles
Dans ces lieux autrefois en guerriers si fertiles.
De l'Eglise et du peuple, on distingua les droits;

Rome devint l'oracle et non l'effroi des rois.
L'éclat majestueux du sacré diadême
Mit son auguste chef au nombre des Rois même ;
Et Rome, qu'opprimait un empire odieux,
Sous un règne plus doux détesta ses faux dieux.
Sixte alors était Roi de Rome et de l'Église.
La Discorde à ses pieds se cache, se déguise ;
De l'Église de France elle emprunte les traits,
Et d'un Roi renégat déplorant les hauts faits,
Elle invoque en pleurant tous les foudres de Rome,
pour ôter à Bourbon le sceptre et le royaume ;
Qu'il abjure l'erreur, qu'il embrasse la foi :
De nos sages aïeux telle est l'antique loi.
Elle vole, à ces mots, vers le Roi Catholique ;
Là, sur un amas d'or, régnait la Politique.
Fille de l'intérêt et de l'ambition,
Dont naquirent la fraude et la séduction.
Ce monstre ingénieux, en détours si fertile,
Accablé de soucis, paraît simple et tranquille ;
Ses yeux creux et perçants, ennemis du repos,
Jamais du doux sommeil n'ont senti les pavots ;
Par ses déguisements à toute heure elle abuse
Les regards éblouis de l'Europe confuse.
Le mensonge subtil, qui conduit ses discours,
De la vérité même empruntant le secours,
Souvent du sceau divin revêt ses impostures,
Et fait servir le Ciel à couvrir ses parjures.
A peine la Discorde avait frappé ses yeux :
Elle court dans ses bras d'un air mystérieux ;
Avec un ris malin, la flatte, la caresse ;
Puis, prenant tout-à-coup un ton plein de tristesse:

Je ne suis plus, dit-elle, en ces temps bienheureux
Où les peuples séduits me présentaient leurs vœux.
L'Europe presqu'entière au grand Charles promise
Se vit plus par mes soins que par son bras conquise ;
Je parlais, et soudain les Rois humiliés
Du trône, en frémissant, descendaient à mes pieds ;
Sur la terre, à mon gré, ma voix soufflait les guerres ;
Du haut de ce palais je lançais les tonnerres ;
Je tenais dans mes mains la vie et le trépas,
Je donnais, j'enlevais, je rendais les états.
Allons, que tes flambeaux rallument mon tonnerre ;
Commençons par la France à ravager la terre ;
Que le prince et l'État retombent dans nos fers.
Elle dit, et soudain s'élance dans les airs.

Loin du sein des grandeurs, et des pompes mondaines,
Des temples consacrés aux vanités humaines,
Dont l'appareil superbe impose à l'univers,
L'humble Religion se cache en des déserts :
Elle y vit avec Dieu dans une paix profonde ;
Mais son auguste nom profané dans le monde,
Est le prétexte saint des fureurs des tyrans,
Le bandeau du vulgaire et le mépris des grands.
Souffrir est son destin, bénir est son partage.
Elle prie en secret pour l'ingrat qui l'outrage ;
Sans ornement, sans art, belle de ses attraits,
Sa modeste beauté se dérobe à jamais
Aux hypocrites yeux de la foule importune,
Qui court à ses autels adorer la fortune.

Son ame pour Henri brûlait d'un saint amour ;

Cette fille des Cieux sait qu'elle doit un jour,
Vengeant de ses autels le culte légitime,
Adopter pour son fils ce Héros magnanime :
Elle l'en croyait digne, et ses ardents soupirs
Hâtoient cet heureux temps trop lent pour ses désirs.

Soudain la Politique et la Discorde impie
Surprennent en secret leur auguste ennemie.
Elle lève à son Dieu ses yeux mouillés de pleurs :
Son Dieu, pour l'éprouver, la livre à leurs fureurs.
Ces monstres, dont toujours elle a souffert l'injure,
De ses voiles sacrés couvrent leur tête impure,
Prennent ses vêtements respectés des humains,
Et courent dans Paris accomplir leurs desseins.
D'un air insinuant l'adroite Politique
Se glisse au vaste sein de la Sorbonne antique ;
C'est là que s'assemblaient ces sages révérés,
Des vérités du Ciel interprètes sacrés,
Qui des peuples chrétiens arbitres et modèles,
A leur culte attachés, à leur Prince fidèles,
Conservaient jusqu'alors une mâle vigueur,
Toujours impénétrable aux flèches de l'erreur.
Qu'il est peu de vertus qui résistent sans cesse !
Du monstre déguisé la voix enchanteresse
Ebranle leurs esprits par ses discours flatteurs.
Aux plus ambitieux elle offre des grandeurs ;
Menacé par sa voix, le faible s'intimide :
On s'assemble en tumulte, en tumulte on décide.
Parmi les cris confus, la dispute et le bruit,
De ces lieux en pleurant la Vérité s'enfuit.

Alors s'élève un cri : Nous brisons notre chaîne
Valois est déposé. La Discorde inhumaine
Trace en lettres de sang ce décret odieux.
Chacun jure par elle, et signe sous ses yeux.
Soudain elle s'envole, et dans toute la France,
Annonce de Valois l'injuste déchéance.
De la Religion reconnaissez les traits,
Dit-elle, et du Très-Haut vengez les intérêts.
C'est moi qui viens à vous, c'est moi qui vous appelle :
Ce fer qui dans mes mains à vos yeux étincelle,
Ce glaive redoutable à nos fiers ennemis,
Par la main de Dieu-même en la mienne est remis.
J'ai nagé dans le sang ; que le sang coule encore,
Pour défendre la foi d'un peuple qui m'adore.
  Le monstre au même instant donne à tous le signal;
Tous sont empoisonnés de son venin fatal ;
Il conduit dans Paris leur marche solennelle;
L'étendard de la croix flottait au milieu d'elle.
Ils chantent ; et leurs cris dévots et furieux
Semblent à leur révolte associer les Cieux.
Le peuple rassuré, jusques aux Cieux envoie
Des cris d'emportement, d'espérance et de joie :
Et comme à son audace a succédé la peur,
La crainte en un moment fait place à la fureur.
Ainsi l'Ange des mers, sur le sein d'Amphitrite,
Calme à son gré les flots, à son gré les irrite.
  La Discorde a choisi seize séditieux,
Signalés par le crime entre les factieux.
Ministres insolents de leur Reine nouvelle
Sur son char tout sanglant ils montent avec elle ;

L'orgueil, la trahison, la fureur, le trépas,
Dans des ruisseaux de sang marchent devant leurs pas.
Nés dans l'obscurité, nourris dans la bassesse,
Leur haine pour les rois leur tient lieu de noblesse;
Et jusques sous le dais par le peuple portés,
Mayenne en frémissant les voit à ses côtés;
Des jeux de la discorde ordinaires caprices,
Qui souvent rend égaux ceux qu'elle rend complices.
Ainsi lorsque les vents, fougueux tyrans des eaux,
De la Seine ou du Rhône ont soulevé les flots,
Le limon croupissant dans leurs grottes profondes,
S'élève en bouillonnant sur la face des ondes;
Ainsi dans les fureurs de ces embrâsements,
Qui changent les cités en de funestes champs,
Le fer, l'airain, le plomb, que les feux amollissent,
Se mêlent dans la flamme à l'or qu'ils obscurcissent.

Dans ces jours de tumulte et de sédition,
Thémis résistait seule à la contagion;
La soif de s'agrandir, la crainte, l'espérance,
Rien n'avait dans ses mains fait pencher la balance;
Son temple était sans tache, et la simple équité
Auprès d'elle en fuyant cherchait sa sûreté.

Il était dans ce temple un sénat vénérable,
Propice à l'innocence, au crime redoutable,
Qui, des lois de son prince et l'organe et l'appui,
Marchait d'un pas égal entre son peuple et lui;
Dans l'équité des rois sa juste confiance
Souvent porte à leurs pieds les plaintes de la France:
Le seul bien de l'état fait son ambition;
Il hait la tyrannie et la rébellion;

Toujours plein de respect, toujours plein de courage,
De la soumission distingue l'esclavage ;
Et pour nos libertés toujours prompt à s'armer,
Connaît Rome, l'honore et la sait réprimer.
Des tyrans de la Ligue une affreuse cohorte,
Du temple de Thémis environne la porte :
Bussi les conduisait ; ce vil gladiateur,
Monté par son audace à ce coupable honneur,
Entre, et parle en ces mots à l'auguste assemblée,
Par qui des citoyens la fortune est reglée :
Mercenaires appuis d'un dédale de lois,
Plébéiens, qui pensez être tuteurs des rois,
Lâches, qui dans le trouble et parmi les cabales
Mettez l'honneur honteux de vos grandeur vénales,
Timides dans la guerre, et tyrans dans la paix,
Obéissez au peuple, écoutez ses décrets.
Il fut des citoyens avant qu'il fût des maîtres.
Nous rentrons dans les droits qu'ont perdus nos ancêtres.
Ce peuple fut long temps par vous-même abusé ;
Il s'est lassé du sceptre, et le sceptre est brisé.
Effacez ces grands noms qui vous gênaient sans doute.
Ces mots de *plein-pouvoir*, qu'on hait et qu'on redoute.
Jugez au nom du peuple, et tenez, au sénat,
Non la place du Roi, mais celle de l'Etat.
Imitez la Sorbonne, ou craignez ma vengeance.
Le Sénat répondit par un noble silence.
Tels dans les murs de Rome abattus et brûlants,

Ces sénateurs courbés sous le fardeau des ans,
Attendaient fièrement, sur leur siége immobiles,
Les Gaulois et la mort avec des yeux tranquilles.
Bussi, plein de fureur et non pas sans effroi :
« Obéissez, dit-il, tyrans, ou suivez-moi.... »
Alors Harlay se lève, Harlay, ce noble guide,
Ce chef d'un parlement, juste autant qu'intrépide ;
Il se présente aux Seize, il demande des fers,
Du front dont il aurait condamné ces pervers.
On voit auprès de lui les chefs de la justice,
Brûlant de partager l'honneur de son supplice,
Victimes de la foi qu'on doit aux souverains,
Tendre aux fers des tyrans leurs généreuses mains.
Muse, redites-moi ces mots chers à la France,
Consacrez ces héros qu'opprima la licence,
Le vertueux de Thou, Molé, Scarron, Bayeul,
Potier, cet homme juste, et vous, jeune Longueil,
Vous en qui, pour hâter vos belles destinées,
L'esprit et la vertu devançaient les années ;
Tout le sénat enfin, par les Seize enchaîné,
A travers un vil peuple en triomphe est mené
Dans cet affreux château, palais de la vengeance,
Qui renferme souvent le crime et l'innocence.
Ainsi ces factieux ont changé tout l'Etat ;
La Sorbonne est tombée, il n'est plus de sénat.
Mais pourquoi ce concours et ces cris lamentables ?
Pourquoi ces instruments de la mort des coupables ?
Qui sont ces magistrats que la main d'un bourreau
Par l'ordre des tyrans précipite au tombeau ?
Les vertus dans Paris ont le destin des crimes.
Brisson, Larcher, Tardif, honorables victimes,

Vous n'êtes point flétris par ce honteux trépas :
Mânes trop généreux, vous n'en rougissez pas ;
Vos noms, toujours fameux, vivront dans la mémoire ;
Et qui meurt pour son roi meurt toujours avec gloire.

Cependant la Discorde, au milieu des mutins,
S'applaudit du succès de ses affreux desseins ;
D'un air fier et content sa cruauté tranquille
Contemple les effets de la guerre civile ;
Dans ces murs tout sanglants, des peuples malheureux
Unis contre leur Prince, et divisés entre eux,
Jouets infortunés des fureurs intestines,
De leur triste patrie avançant les ruines ;
Le tumulte au-dedans, le péril au-dehors,
Et partout le débris, le carnage et les morts.

CHANT V.

SOMMAIRE.

Les assiégés sont vivement pressés. La Discorde excite Jacques Clément à sortir de Paris pour assassiner le Roi. Elle appelle du fond des Enfers le Démon du Fanatisme qui conduit ce parricide. Sacrifices des Ligueurs aux esprits infernaux. Henri III est assassiné. Sentiments de Henri IV. Il est reconnu Roi par l'Armée.

CEPENDANT s'avançaient ces machines mortelles,
Qui portaient dans leur sein la perte des rebelles;
Et le fer, et le feu, volant de toutes parts,
De cent bouches d'airain foudroyaient les remparts.
Les Seize et leur courroux, Mayenne et sa prudence,
D'un peuple mutiné la farouche insolence,
Des Docteurs abusés les scandaleux discours,
Contre le grand Henri n'étaient qu'un vain secours;
Du rusé Castillan la lenteur ordinaire
Privait les assiégés d'un renfort nécessaire.
Ses soldats dans la France errant de tous côtés,
Sans secourir Paris, désolaient nos cités.
Le perfide attendait que la Ligue épuisée
Pût offrir à son bras une conquête aisée:

Et l'appui dangereux de sa fausse amitié
Leur préparait un maître au lieu d'un allié;
Lorsque d'un furieux la main déterminée
Sembla pour quelque temps changer la destinée.
Vous, des murs de Paris tranquilles habitants,
Que le Ciel a fait naître en de plus heureux temps,
Pardonnez, si ma main retrace à la mémoire
De vos aïeux séduits la criminelle histoire.
L'horreur de leurs forfaits ne s'étend point sur vous,
Votre amour pour vos rois les a réparés tous.

L'Eglise a de tout temps produit des solitaires,
Qui rassemblés entr'eux sous des règles sévères,
Et distingués en tout du reste des mortels,
Se consacraient à Dieu par des vœux solennels.
Les uns sont demeurés dans une paix profonde,
Toujours inaccessible aux vains attraits du monde;
Jaloux de ce repos qu'on ne peut leur ravir.
Ils ont fui les humains, abjuré tout plaisir.
Les autres à l'Etat rendus plus nécessaires,
Ont éclairé l'Eglise, ont monté dans les chaires,
Et sans être enivrés de ces talents flatteurs
Ont combattu le vice, et corrigé les mœurs.

Ceux qui de Dominique ont embrassé la vie,
Ont vu long-temps leur règle en Espagne établie;
Et de l'obscurité des plus humbles emplois,
Ont passé tout-à-coup dans les palais des Rois.
Avec non moins de zèle et bien moins de puissance,
Cet ordre respecté florissait dans la France,
Protégé par les rois, paisible, heureux enfin,
Si le traître Clément n'eût été dans son sein.

Clément dans la retraite avait, dès son jeune âge,

Porté les noirs accès d'une vertu sauvage.
Esprit faible et crédule en sa dévotion,
Il suivait le torrent de la rébellion.
Sur ce jeune insensé la Discorde fatale
Répandit le venin de sa bouche infernale.
Prosterné chaque jour aux pieds des saints autels,
Il fatiguait les Cieux de ses vœux criminels.
On dit que, tout souillé de cendre et de poussière,
Un jour il prononça cette horrible prière :

Dieu qui venges l'Eglise et punis les tyrans,
Te verra-t-on sans cesse accabler tes enfants ?
Et d'un roi qui t'outrage armant les mains impures,
Favoriser le meurtre, et bénir les parjures ?
Grand Dieu! par tes fléaux, c'est trop nous éprouver,
Contre tes ennemis daigne enfin t'élever :
Détourne loin de nous la mort et la misère ;
Délivre-nous d'un Roi donné dans ta colère.
Viens, des Cieux enflammés abaisse la hauteur,
Fais marcher devant toi l'ange exterminateur ;
Frappe, viens, arme-toi, que ta foudre enflammée
Frappe, écrase à nos yeux leur sacrilége armée ;
Que les chefs, les soldats, les deux rois expirants,
Tombent comme la feuille éparse au gré des vents ;
Et que, sauvés par toi, nos Ligueurs catholiques
Sur leurs corps tout sanglants t'adressent leurs cantiques.

La Discorde attentive en traversant les airs,
Entend ces cris affreux, et les porte aux Enfers.
Elle amène à l'instant de ces royaumes sombres,
Le plus cruel tyran de l'empire des ombres.
Il vient : le FANATISME est son horrible nom

Enfant dénaturé de la religion,
Armé pour la défendre il cherche à la détruire,
Et reçu dans son sein, l'embrasse et le déchire.
C'est lui qui dans Raba, sur les bords de l'Arnon,
Guidait les descendants du malheureux Ammon,
Quand à Moloc leur dieu des mères gémissantes
Offraient de leurs enfants les entrailles fumantes.
Il dicta de Jepthé le serment inhumain :
Dans le cœur de sa fille il conduisit sa main.
C'est lui qui, de Calchas ouvrant la bouche impie,
Demanda par sa voix la mort d'Iphigénie.
France, dans tes forêts il habita long-temps.
A l'affreux Teutatès il offrit ton encens.
Tu n'as point oublié ces sacrés homicides,
Qu'à tes indignes dieux présentaient tes Druïdes.
Du haut du Capitole il criait aux Payens :
Frappez, exterminez, déchirez les Chrétiens.
Dans Londre il a formé la secte turbulente
Qui sur un Roi trop faible a mis sa main sanglante.
Toujours il revêtait, dans ses déguisements,
Des ministres des Cieux les sacrés ornements ;
Mais il prit cette fois dans la nuit éternelle,
Pour des crimes nouveaux une forme nouvelle :
L'audace et l'artifice en firent les apprêts.
Il emprunta de Guise et la taille et les traits,
De ce superbe Guise en qui l'on vit paraître
Le tyran de l'État, et le roi de son maître,
Et qui toujours puissant, même après son trépas,
Traînait encor la France à l'horreur des combats.
D'un casque redoutable il a chargé sa tête :
Un glaive est dans sa main au meurtre toujours prête ;

Son flanc même est percé des coups dont autrefois
Ce Héros factieux fut massacré dans Blois;
Et la voix de son sang qui coule en abondance,
Semble accuser Valois, et demander vengeance.
Ce fut dans ce terrible et lugubre appareil,
Qu'au milieu des pavots que verse le sommeil,
Il vint trouver Clément au fond de sa retraite.
La Superstition, la Cabale inquiète,
Le faux Zèle enflammé d'un courroux éclatant,
Veillaient tous à sa porte, et l'ouvrent à l'instant.
Il entre, et d'une voix majestueuse et fière,
Dieu reçoit, lui dit-il, tes vœux et ta prière:
Mais n'aura-t-il de toi pour culte et pour encens,
Qu'une plainte éternelle, et des vœux impuissants?
Au Dieu que sert la Ligue il faut d'autres offrandes;
Il exige de toi les dons que tu demandes.
Si Judith autrefois, pour sauver son pays,
N'eût offert à son Dieu que des pleurs et des cris;
Si, craignant pour les siens, elle eût craint pour sa vie,
Judith eût vu tomber les murs de Béthulie.
Voilà les saints exploits que tu dois imiter,
Voilà l'offrande enfin que tu dois présenter.
Mais tu rougis déjà de l'avoir différée...
Cours, vole, et que ta main dans le sang consacrée,
Délivrant les Français de leur indigne Roi,
Venge Paris et Rome, et l'univers, et moi.
Par un assassinat Valois trancha ma vie,
Il faut d'un même coup punir sa perfidie;
Mais du nom d'assassin ne prends aucun effroi:
Ce qui fut crime en lui, sera vertu dans toi,
Tout devient légitime à qui venge l'Église.

Le meurtre est juste alors, et le Ciel l'autorise.
Que dis-je? il le commande; il t'instruit par ma voix,
Qu'il a choisi ton bras pour la mort de Valois :
Heureux si tu pouvais, consommant sa vengeance,
Joindre le Navarrois au tyran de la France ;
Et si de ces deux Rois tes citoyens sauvés
Te pouvaient !... mais les temps ne sont pas arrivés.
Bourbon doit vivre encor ; le Dieu qu'il persécute.
Réserve à d'autres mains la gloire de sa chûte.
Toi, de ce Dieu jaloux remplis les grands desseins,
Et reçois ce présent qu'il te fait par mes mains.
  Le fantôme, à ces mots, fait briller une épée,
Qu'aux infernales eaux la Haine avait trempée ;
Dans la main de Clément il met ce don fatal ;
Il fuit, et se replonge au séjour infernal.
  Trop aisément trompé, le jeune solitaire
Des intérêts des Cieux se crut dépositaire.
Il baise avec respect ce funeste présent,
Il implore à genoux le bras du Tout-Puissant ;
Et plein du monstre affreux dont la fureur le guide,
Sans perdre un seul instant, s'apprête au parricide.
  Combien le cœur de l'homme est soumis à l'erreur!
Clément goûtait alors un paisible bonheur :
Il était animé de cette confiance
Qui dans le cœur des Saints affermit l'innocence ;
Sa tranquille fureur marche les yeux baissés ;
Ses sacriléges vœux au Ciel sont adressés ;
Son front de la vertu porte l'empreinte austère.
Et son fer parricide est caché sous sa haire.
Il marche ; ses amis instruits de son dessein,
Et de fleurs sous ses pas parfumant son chemin,

Remplis d'un saint respect, aux portes le conduisent,
Bénissent son dessein, l'encouragent, l'instruisent,
C'est avec moins d'ardeur, avec moins de transport,
Que les premiers Chrétiens, avides de la mort,
Intrépides soutiens de la foi de leurs pères,
Au martyre autrefois accompagnaient leurs frères,
Enviaient les douceurs de leur heureux trépas,
Et baisaient en pleurant les traces de leurs pas.
Le fanatique aveugle, et le Chrétien sincère,
Ont porté trop souvent le même caractère;
Ils ont même courage, ils ont mêmes désirs.
L'erreur a ses héros, et la foi ses martyrs,
Du vrai zèle et du faux, vains juges que nous sommes!
Souvent des scélérats ressemblent aux grands hommes.

Mayenne, dont les yeux savent tout éclairer,
Voit le coup qu'on prépare, et feint de l'ignorer.
De ce crime odieux son prudent artifice
Songe à cueillir le fruit sans en être complice:
Il laisse avec adresse aux plus séditieux,
Le soin d'encourager ce jeune furieux.

Tandis que des Ligueurs une troupe homicide
Aux portes de Paris conduisait le perfide,
Des Seize en même temps le sacrilége effort
Sur cet événement interrogeait le sort.
Jadis de Médicis l'audace curieuse
Chercha de ces secrets la science odieuse,
Approfondit long-temps cet art surnaturel,
Si souvent chimérique, et toujours criminel.
Tout suivit son exemple, et le peuple imbécile,

Des vices de la cour imitateur servile,
Esprit du merveilleux amant des nouveautés,
S'abandonnait en foule à ces impiétés.
Dans l'ombre de la nuit, sous une voûte obscure,
Le silence a conduit leur assemblée impure.
A la pâle lueur d'un magique flambeau,
S'élève un vil autel dressé sur un tombeau :
C'est là que des deux Rois on plaça les images,
Objets de leur terreur, objets de leurs outrages.
Leurs sacriléges mains ont mêlé sur l'autel,
A des noms infernaux, le nom de l'Eternel.
Sur ces murs ténébreux des lances sont rangées,
Dans des vases de sang leurs pointes sont plongées;
Appareil menaçant de leur mystère affreux.
Le Prêtre de ce Temple est un de ces Hébreux
Qui, proscrits sur la terre, et citoyens du monde
Portent de mers en mers leur misère profonde,
Et d'un antique amas de superstitions
Ont rempli dès long-temps toutes les nations.
D'abord autour de lui les Ligueurs en furie
Commencent à grands cris ce sacrifice impie.
Leurs parricides bras se lavent dans le sang ;
De Valois sur l'autel ils vont percer le flanc ;
Avec plus de terreur, et plus encor de rage,
De Henri sous leurs pieds ils renversent l'image ;
Et pensent que la mort, fidèle à leur courroux,
Va transmettre à ces rois l'atteinte de leurs coups.
L'Hébreu joint cependant la prière au blasphême;
Il invoque l'abyme, et les Cieux, et Dieu même ;
Tous ces impurs esprits qui troublent l'univers,
Et le feu de la foudre, et celui des enfers.

Tel fut dans Gelboa le secret sacrifice
Qu'à ses dieux infernaux offrit la Pythonisse,
Alors qu'elle évoqua devant un Roi cruel
Par ses enchantements l'ombre de Samuel.
Ainsi contre Juda, du haut de Samarie,
Des prophètes menteurs tonnait la bouche impie;
Ou tel chez les Romains l'inflexible Atéius,
Maudit au nom des dieux les armes de Crassus.
Aux magiques accents que sa bouche prononce,
Les Seize osent du Ciel attendre la réponse;
A dévoiler leur sort ils pensent le forcer:
Le Ciel pour les punir voulut les exaucer.
Il interrompt pour eux les lois de la nature;
De ces antres muets sort un triste murmure;
Les éclairs redoublés dans la profonde nuit,
Poussent un jour affreux qui renaît et qui fuit.
Au milieu de ces feux, Henri brillant de gloire,
Apparaît à leurs yeux sur un char de victoire;
Des lauriers couronnaient son front noble et serein,
Et le sceptre des rois éclatait dans sa main.
L'air s'embrase à l'instant par les traits du tonnerre,
L'autel couvert de feux tombe et fuit sous la terre,
Et les Seize éperdus, l'Hébreu saisi d'horreur,
Vont cacher dans la nuit leur crime et leur terreur.

Ces tonnerres, ces feux, ce bruit épouvantable,
Annonçaient à Valois sa perte inévitable.
Dieu du haut de son trône avait compté ses jours,
Il avait loin de lui retiré son secours;
La mort impatiente attendait sa victime,
Et pour perdre Valois Dieu permettait un crime.
Clément, au camp royal, a marché sans effroi.

Il arrive, il demande à parler à son Roi ;
Il dit que dans ces lieux amené par Dieu même,
Il y vient rétablir les droits du diadême,
Et révéler au Roi des secrets importants.
On l'interroge, on doute, on l'observe long-temps;
On craint sous cet habit un funeste mystère.
Il subit sans alarme un examen sévère ;
Il satisfait à tout avec simplicité ;
Chacun, dans ses discours, croit voir la vérité.
La garde aux yeux du Roi le fait enfin paraître.
L'aspect du souverain n'étonna point ce traître.
D'un air humble et tranquille il fléchit les genoux :
Il observe à loisir la place de ses coups,
Et le mensonge adroit, qui conduisait sa langue,
Lui dicta cependant sa perfide harangue.
Souffrez, dit-il, grand Roi, que ma timide voix
S'adresse au Dieu puissant qui fait régner les Rois ;
Permettez avant tout, que mon cœur le bénisse
Des biens que va sur vous répandre sa justice.
Le vertueux Potier, le prudent Villeroi,
Parmi vos ennemis vous ont gardé leur foi ;
Harlay, le grand Harlay, dont l'intrépide zèle
Fut toujours formidable à ce peuple infidèle,
Du fond de sa prison réunit tous les cœurs,
Rassemble vos sujets, et confond les Ligueurs.
Dieu qui bravant toujours les puissants et les sages,
Par la main la plus faible accomplit ses ouvrages,
Devant le grand Harlay lui-même m'a conduit.
Rempli de sa lumière, et par sa bouche instruit,
J'ai volé vers mon Prince, et vous rends cette lettre,
Qu'à mes fidelles mains Harlay vient de remettre.

Valois reçoit la lettre avec empressement.
Il bénissait les Cieux d'un si prompt changement.
Quand pourrai-je, dit-il, au gré de ma justice,
Récompenser ton zèle et payer ton service?
En lui disant ces mots, il lui tendait les bras :
Le monstre au même instant tire son coutelas,
L'en frappe, et dans le flanc l'enfonce avec furie.
Le sang coule, on s'étonne, on s'avance, on s'écrie:
Mille bras sont levés pour punir l'assassin.
Lui, sans baisser les yeux, les voit avec dédain ;
Fier de son parricide, et quitte envers la France,
Il attend à genoux la mort pour récompense :
De la France et de Rome il croit être l'appui ;
Il pense voir les Cieux qui s'entr'ouvrent pour lui;
Et demandant à Dieu la palme du martyre,
Il bénit, en tombant, les coups dont il expire.
Aveuglement terrible, affreuse illusion,
Digne à la fois d'horreur et de compassion,
Et de la mort du roi moins coupable peut-être
Que ces lâches Ligueurs, ennemis de leur maître,
Dont la voix répandant un funeste poison,
D'un faible solitaire égara la raison !
Déjà Valois touchait à son heure dernière,
Ses yeux ne voyaient plus qu'un reste de lumière ;
Ses courtisans en pleurs autour de lui rangés,
Par leurs desseins divers en secret partagés,
D'une commune voix formant les mêmes plaintes,
Exprimaient des douleurs, ou sincères, ou feintes.
Quelques-uns, que flattait l'espoir du changement,
Du danger de leur Roi s'affligeaient faiblement ;
Les autres, qu'occupait leur crainte intéressée,

Pleuraient, au lieu du Roi, leur fortune passée.
Parmi ce bruit confus de plaintes, de clameurs,
Henri, vous répandiez de véritables pleurs.
Il fut votre ennemi, mais les cœurs nés sensibles
Sont aisément émus dans ces moments horribles.
Henri ne se souvint que de son amitié,
En vain son intérêt combattait sa pitié;
Ce Héros vertueux se cachait à lui-même,
Que la mort de son Roi lui donne un diadème.
Valois tourna sur lui, par un dernier effort,
Ses yeux appesantis qu'allait fermer la mort;
Et touchant de sa main ses mains victorieuses:
Retenez, lui dit-il, vos larmes généreuses;
L'univers indigné doit plaindre votre Roi:
Vous, Bourbon, combattez, régnez, et vengez-moi;
Je meurs, et je vous laisse au milieu des orages,
Assis sur un écueil couvert de mes naufrages;
Mon trône vous attend, mon trône vous est dû,
Jouissez de ce bien par vos mains défendu:
Mais songez que la foudre en tout temps l'environne:
Craignez, en y montant, ce Dieu qui vous le donne.
Puissiez-vous, détrompé d'un dogme criminel,
Rétablir de vos mains son culte et son autel!
Adieu, régnez heureux, qu'un plus puissant Génie
Du fer des assassins défende votre vie.
Vous connaissez la Ligue, et vous voyez ses coups,
Ils ont passé par moi pour aller jusqu'à vous.
Peut-être un jour viendra qu'une main plus barbare...
Juste Ciel! épargnez une vertu si rare.

Permettez !..... A ces mots l'impitoyable Mort
Vient fondre sur sa tête, et termine son sort.
Au bruit de son trépas Paris se livre en proie
Aux transports odieux de sa coupable joie ;
De cent cris de victoire ils remplissent les airs :
Les travaux sont cessés, les Temples sont ouverts ;
De couronne de fleurs ils ont paré leurs têtes ;
Ils consacrent ce jour à d'éternelles fêtes.
Bourbon n'est à leurs yeux qu'un Héros sans appui,
Qui n'a plus que sa gloire et sa valeur pour lui.
Pourra-t-il résister à la Ligue affermie,
A ce peuple en courroux, à l'Espagne ennemie,
Aux perfides conseils d'un chef si dangereux,
A l'or du nouveau monde encor plus puissant qu'eux?
Déjà quelques guerriers, funestes politiques,
Plus mauvais citoyens que zélés Catholiques,
D'un scrupule affecté colorant leur dessein,
Séparent leurs drapeaux des drapeaux de Calvin ;
Mais le reste enflammé d'une ardeur plus fidelle,
Pour la cause des rois redouble encor son zèle.
Ces amis éprouvés, ces généreux soldats,
Que long-temps la victoire a conduits sur ses pas,
De la France incertaine ont reconnu le Maître ;
Tout leur camp réuni le croit digne de l'être.
Ces braves Chevaliers, les Givris, les d'Aumonts,
Les grands Montmorencis, les Sancis, les Crillons,
Lui jurent de le suivre aux deux bouts de la terre :
Moins faits pour disputer, que formés pour la guerre.
Fidèles à leur Dieu, fidèles à leurs lois,
C'est l'honneur qui leur parle, ils marchent à sa voix.

Mes amis, dit Bourbon, c'est vous dont le courage
Des héros de mon sang me rendra l'héritage ;
Les Pairs, et l'huile sainte, et le sacre des Rois,
Font les pompes du trône, et ne font pas mes droits.
C'est sur un bouclier qu'on vit vos premiers Maîtres
Recevoir les serments de vos braves ancêtres.
Le champ de la victoire est le temple où vos mains
Doivent aux Nations donner leurs Souverains.
C'est ainsi qu'il s'explique; et bientôt il s'apprête
A mériter son trône en marchant à leur tête.

CHANT VI.

SOMMAIRE.

Après la mort de Henri III, les États de la Ligue s'assemblent dans Paris pour choisir un Roi. Tandis qu'ils sont occupés de leurs délibérations, Henri IV livre un assaut à la ville. L'Assemblée des États se sépare. Ceux qui la composaient vont combattre sur les remparts. Description de ce combat. Apparition de Saint Louis à Henri IV.

C'EST un usage antique, et sacré parmi nous,
Quand la mort sur le trône étend ses rudes coups,
Et que du sang des rois si chers à la patrie
Dans ses derniers canaux la source s'est tarie;
Le peuple au même instant rentre en ses premiers droits.
Il peut choisir un Maître, il peut changer ses lois.
Les États assemblés, organes de la France,
Nomment un Souverain, limitent sa puissance.
Ainsi de nos aïeux les augustes décrets
Au rang de Charlemagne ont placé les Capets.
La Ligue audacieuse, inquiète, aveuglée,

Ose de ces États ordonner l'assemblée,
Et croit avoir acquis par un assassinat
Le droit d'élire un Maître, et de changer l'État.
Ils pensaient, à l'abri d'un trône imaginaire,
Mieux repousser Bourbon; mieux tromper le vulgaire.
Ils croyaient qu'un Monarque unirait leurs desseins;
Que sous ce nom sacré leurs droits seraient plus saints:
Qu'injustement élu, c'était beaucoup de l'être;
Et qu'enfin, quel qu'il soit, le Français veut un Maître.
Bientôt à ce Conseil accourent à grand bruit
Tous ces chefs obstinés qu'un fol orgueil conduit,
Les Lorrains, les Nemours, et les Seize en furie,
L'ambassadeur de Rome, et celui d'Ibérie.
Ils marchent vers le Louvre, où par un nouveau choix
Ils allaient insulter aux mânes de nos rois.
Le luxe, toujours né des misères publiques,
Prépare avec éclat ces États tyranniques.
Là ne parurent point ces princes, ces seigneurs,
De nos antiques Pairs augustes successeurs,
Qui près des rois assis, nés juges de la France,
Du pouvoir qu'ils n'ont plus ont encor l'apparence.
Là de nos Parlements les sages Députés
Ne défendirent point nos faibles libertés;
On n'y vit point des Lys l'appareil ordinaire,
Le Louvre est étonné de sa pompe étrangère.
L'ambassadeur d'Espagne est d'un siége honoré,
Près de lui pour Mayenne un dais est préparé.

Sous ce dais on lisait ces mots épouvantables :
Rois qui jugez la terre, et dont les mains coupables
Osent tout entreprendre et ne rien épargner,
Que la mort de Valois vous apprenne à régner.
On s'assemble, et déjà les partis, les cabales,
Font retentir ces lieux de leurs voix infernales :
Le bandeau de l'erreur aveugle tous les yeux.
L'un est de Rome seule esclave ambitieux ;
Celui-ci, corrompu par l'or de l'Ibérie,
A l'Espagnol qu'il hait, veut vendre sa patrie.
Mais un parti puissant, d'une commune voix,
Plaçait déjà Mayenne au trône de nos rois,
Ce rang manquait encore à sa vaste puissance ;
Et de ses vœux hardis l'orgueilleuse espérance
Dévorait en secret, dans le fond de son cœur,
De ce grand nom de roi le dangereux honneur.
Soudain Potier se lève, et demande audience ;
La rigide vertu faisait son éloquence.
Dans ce temps malheureux, par le crime infecté,
Potier fut toujours juste, et pourtant respecté,
Souvent on l'avait vu, par sa mâle constance,
De leurs emportements réprimer la licence,
Et conservant sur eux sa vieille autorité,
Leur montrer la justice avec impunité.
Il élève sa voix : on murmure, on s'empresse,
On l'entoure, on l'écoute, et le tumulte cesse.
Ainsi dans un vaisseau qu'ont agité les flots,
Quand l'air n'est plus frappé des cris des matelots,
On n'entend que le bruit de la proue écumante,
Qui fend d'un cours heureux la mer obéissante ;

Tel paraissait Potier dictant ses justes lois,
Et la confusion se taisait à sa voix.
Vous destinez, dit-il, Mayenne au rang suprême :
Je conçois votre erreur, je l'excuse moi-même.
Mayenne a des vertus qu'on ne peut trop chérir ;
Et je le choisirais, si je pouvais choisir.
Mais nous avons nos lois, et ce Héros insigne,
S'il prétend à l'empire, en est dès-lors indigne.
Comme il disait ces mots, Mayenne entre soudain,
Avec tout l'appareil qui suit un Souverain.
Potier le voit entrer, sans changer de visage :
Oui, Prince, poursuit-il d'un ton plein de courage,
Je vous estime assez pour oser contre vous,
Vous adresser ma voix pour la France et pour nous.
En vain nous prétendons le droit d'élire un Maître.
La France a des Bourbons, et Dieu vous a fait naître
Près de l'auguste rang qu'ils doivent occuper,
Pour soutenir leur trône, et non pour l'usurper.
Guise du sein des morts n'a plus rien à prétendre ;
Le sang d'un souverain doit suffire à sa cendre ;
S'il mourut par un crime, un crime l'a vengé.
Changez avec l'Etat que le Ciel a changé :
Périsse avec Valois votre juste colère ;
Bourbon n'a point versé le sang de votre frère.
Le Ciel, ce juste Ciel, qui vous chérit tous deux,
Pour vous rendre ennemis, vous fit trop vertueux.
Mais j'entends le murmure, et la clameur publique.
J'entends ces noms affreux de relaps, d'hérétique :
Le fils de Saint Louis, parjure à ses serments,
Vient-il de nos autels briser les fondements ?

Aux pieds de ces autels il demande à s'instruire;
Il aime, il suit les lois dont vous bravez l'empire.
Il sait dans toute secte honorer des vertus,
Respecter votre culte, et même vos abus.
Il laisse au Dieu vivant, qui voit ce que nous sommes,
Le soin que vous prenez de condamner les hommes;
Comme un Roi, comme un père, il vient vous gouverner;
Et plus Chrétien que vous, il vient vous pardonner.
Tout est libre avec lui; lui seul ne peut-il l'être?
Quel droit vous a rendus juges de votre maître?
Infidèles Pasteurs, indignes Citoyens,
Que vous ressemblez mal à ces premiers Chrétiens,
Qui bravant tous ces dieux de métal ou de plâtre,
Marchaient sans murmurer sous un Maître idolâtre,
Expiraient sans se plaindre, et sur les échafauds,
Sanglants, percés de coups, bénissaient leurs bourreaux!
Eux seuls étaient Chrétiens, je n'en connais point d'autres.
Ils mouraient pour leurs Rois, vous massacrez les vôtres.
Et Dieu, que vous peignez implacable et jaloux,
S'il aime à se venger, barbares, c'est de vous.
A ce hardi discours aucun n'osait répondre,
Par des traits trop puissants ils se sentaient confondre;
Ils repoussaient en vain de leur cœur irrité
Cet effroi qu'aux méchants donne la vérité.
Le dépit et la crainte agitaient leurs pensées,

Quand soudain mille voix jusqu'au Ciel élancées,
Font partout retentir, avec un bruit confus,
Aux armes, Citoyens, ou nous sommes perdus !
Les nuages épais que formait la poussière,
Du soleil dans les champs dérobaient la lumière.
Des tambours, des clairons le son rempli d'horreur,
De la mort qui les suit était l'avant-coureur.
Tels des antres du Nord échappés sur la terre,
Précédés par les vents et suivis du tonnerre,
D'un tourbillon de poudre obscurcissant les airs,
Les orages fougueux parcourent l'univers.
C'était du grand Henri la redoutable armée,
Qui, lasse du repos, et de sang altérée,
Faisait entendre au loin ses formidables cris,
Remplissait la campagne, et marchait vers Paris.
Bourbon n'employait point ces moments salutaires
A rendre au dernier Roi les honneurs ordinaires;
A parer son tombeau de ces titres brillants
Que reçoivent les morts de l'orgueil des vivants:
Ses mains ne chargeaient point ces rives désolées,
De l'appareil pompeux de ces vains mausolées,
Par qui, malgré l'injure et des temps et du sort,
La vanité des grands triomphe de la mort.
Il voulait à Valois, dans la demeure sombre,
Envoyer des tributs plus digne de son ombre,
Punir ses assassins, vaincre ses ennemis,
Et rendre heureux son peuple, après l'avoir soumis.
Au bruit inopiné des assauts qu'il prépare,
Des Etats consternés le Conseil se sépare:
Mayenne au même instant court au haut des remparts;
Le soldat rassemblé vole à ses étendards:

Il insulte à grands cris le Héros qui s'avance,
Tout est prêt pour l'attaque, et tout pour la défense.
Paris n'était point tel en ces temps orageux
Qu'il paraît en nos jours aux Français trop heureux.
Cent forts qu'avaient bâtis la fureur et la crainte,
Dans un moins vaste espace enfermaient son enceinte:
Ces faubourgs aujourd'hui si pompeux et si grands,
Que la main de la paix tient ouverts en tout temps,
D'une immense cité superbes avenues,
Où nos palais dorés se perdent dans les nues,
Etaient de longs hameaux d'un rempart entourés,
Par un fossé profond de Paris séparés.
Du côté du levant bientôt Bourbon s'avance.
Le voilà qui s'approche, et la mort le devance.
Le fer avec le feu vole de toutes parts,
Des mains des assiégeants, et du haut des remparts.
Ces remparts menaçants, leurs tours, et leurs ouvrages,
S'écroulent sous les traits de ces brûlants orages:
On voit les bataillons rompus et renversés,
Et loin d'eux dans les champs leurs membres dispersés.
Ce que le fer atteint tombe réduit en poudre,
Et chacun des partis combat avec la foudre.
Jadis avec moins d'art, au milieu des combats,
Les malheureux mortels avançaient leur trépas.
Avec moins d'appareil ils volaient au carnage,
Et le fer dans leurs mains suffisait à leur rage.
De leurs cruels enfants l'effort industrieux
A dérobé le feu qui brûle dans les Cieux.
On entendait gronder ces bombes effroyables,
Des troubles de la Flandre enfants abominables.

Dans ces globes d'airain le salpêtre enflammé
Vole avec la prison qui le tient renfermé :
Il la brise, et la mort en sort avec furie.
Avec plus d'art encore et plus de barbarie,
Dans des antres profonds on a su renfermer
Des foudres souterrains tout prêts à s'allumer.
Sous un chemin trompeur, où volant au carnage,
Le soldat valeureux se fie à son courage,
On voit en un instant des abymes ouverts,
De noirs torrents de soufre épandus dans les airs,
Des bataillons entiers, par ce nouveau tonnerre
Emportés, déchirés, engloutis sous la terre.
Ce sont là les dangers où Bourbon va s'offrir :
C'est par là qu'à son trône il brûle de courir.
Ses guerriers avec lui dédaignent ces tempêtes;
L'enfer est sous leurs pas, la foudre est sur leurs têtes.
Mais la gloire à leurs yeux vole à côté du Roi;
Ils ne regardent qu'elle, et marchent sans effroi :
Mornay, parmi les flots de ce torrent rapide,
S'avance d'un pas grave, et non moins intrépide;
Incapable à la fois de crainte et de fureur,
Sourd au bruit des canons, calme au sein de l'horreur,
D'un œil ferme et stoïque il regarde la guerre
Comme un fléau du Ciel, affreux mais nécessaire.
Il marche en Philosophe où l'honneur le conduit,
Condamne les combats, plaint son Maître, et le suit.
Ils descendent enfin dans ce chemin terrible,
Qu'un glacis teint de sang rendait inaccessible :
C'est là que le danger ranime leurs efforts :
Ils comblent les fossés de fascines, de morts :

Sur ces morts entassés ils marchent, ils s'avancent,
D'un cours précipité sur la brèche ils s'élancent.
Armé d'un fer sanglant, couvert d'un bouclier,
Henri vole à leur tête, et monte le premier.
Il monte; il a déjà, de ses mains triomphantes,
Arboré de ses Lys les enseignes flottantes.
Les Ligueurs devant lui demeurent pleins d'effroi;
Ils semblaient respecter leur vainqueur et leur Roi.
Ils cédaient: mais Mayenne à l'instant les ranime;
Il leur montre l'exemple, il les rappelle au crime;
Leurs bataillons serrés pressent de toutes parts
Ce Roi dont ils n'osaient soutenir les regards.
Sur le mur avec eux la Discorde cruelle
Se baigne dans le sang que l'on verse pour elle.
Le soldat à son gré sur ce funeste mur,
Combattant de plus près, porte un trépas plus sûr.
Alors on n'entend plus ces foudres de la guerre,
Dont les bouches de bronze épouvantaient la terre:
Un farouche silence, enfant de la fureur,
A ces brillants éclats succède avec horreur.
D'un bras déterminé, d'un œil brûlant de rage,
Parmi ses ennemis chacun s'ouvre un passage.
On saisit, on reprend, par un contraire effort,
Ce rempart teint de sang, théâtre de la mort.
Dans ses fatales mains la Victoire incertaine
Tient encor près des Lys l'étendard de Lorraine,
Les assiégeants surpris sont partout renversés,
Cent fois victorieux, et cent fois terrasés;
Pareils à l'Océan poussé par les orages,
Qui couvre à chaque instant, et qui fuit ses rivages.
Jamais le Roi, jamais son illustre rival,

N'avaient été si grands qu'en cet assaut fatal.
Chacun d'eux, au milieu du sang et du carnage,
Maître de son esprit, maître de son courage,
Dispose, ordonne, agit, voit tout en même temps,
Et conduit d'un coup d'œil ces affreux mouvements.

Cependant des Anglais la formidable élite,
Par le vaillant Essex à cet assaut conduite,
Marchait sous nos drapeaux pour la première fois,
Et semblait s'étonner de servir sous nos rois.
Ils viennent soutenir l'honneur de leur patrie,
Orgueilleux de combattre, et de donner leur vie,
Sur ces mêmes remparts, et dans ces mêmes lieux,
Où la Seine autrefois vit régner leurs aïeux.
Essex monte à la brèche où combattait d'Aumale,
Tous deux jeunes, brillants, pleins d'une ardeur égale;
Tels qu'aux remparts de Troie on peint les demi-dieux.
Leurs amis tout sanglants sont en foule autour d'eux.
Français, Anglais, Lorrains, que la fureur assemble,
Avançaient, combattaient, frappaient, mouraient ensemble.

Ange, qui conduisiez leur fureur et leur bras,
Ange exterminateur, âme de ces combats,
De quel héros enfin prîtez-vous la querelle?
Pour qui pencha des Cieux la balance éternelle?
Long-temps Bourbon, Mayenne, Essex, et son rival
Assiégeants, assiégés, font un carnage égal.
Le parti le plus juste eut enfin l'avantage:
Enfin Bourbon l'emporte, il se fait un passage;
Les Ligueurs fatigués ne lui résistent plus,

Ils quittent les remparts, ils tombent éperdus.
Comme on voit un torrent du haut des Pyrénées,
Menacer des vallons les Nymphes consternées;
Les digues qu'on oppose à ses flots orageux,
Soutiennent quelque temps son choc impétueux:
Mais bientôt renversant sa barrière impuissante,
Il porte au loin le bruit, la mort, et l'épouvante;
Déracine en passant ces chênes orgueilleux,
Qui bravaient les hivers, et qui touchaient les Cieux:
Détache les rochers du penchant des montagnes,
Et poursuit les troupeaux fuyant dans les campagnes.
Tel Bourbon descendait à pas précipités,
Du haut des murs fumants qu'il avait emportés:
Tel d'un bras foudroyant fondant sur les rebelles,
Il moissonne en courant leurs troupes criminelles.
Les Seize avec effroi fuyaient ce bras vengeur,
Égarés, confondus, dispersés par la peur.
Mayenne ordonne enfin que l'on ouvre les portes:
Il rentre dans Paris, suivi de ses cohortes.
Les vainqueurs furieux, les flambeaux à la main,
Dans les faubourgs sanglants se répandent soudain.
Du soldat effréné la valeur tourne en rage,
Il livre tout au fer, aux flammes, au pillage.
Henri ne les voit point; son vol impétueux
Poursuivait l'ennemi fuyant devant ses yeux.
Sa victoire l'enflamme et sa valeur l'emporte;
Il franchit les faubourgs, il s'avance à la porte:
Compagnons, apportez et le fer et les feux,
Venez, volez, montez sur ces murs orgueilleux.
Comme il parlait ainsi, du profond d'une nue
Un fantôme éclatant se présente à sa vue:

Son corps majestueux, maître des éléments,
Descendait vers Bourbon sur les ailes des vents :
De la Divinité les vives étincelles
Étalaient sur son front des beautés immortelles ;
Ses yeux semblaient remplis de tendresse et d'hor-
reur :
Arrête, cria-t-il, trop malheureux vainqueur !
Tu vas abandonner aux flammes, au pillage,
De cent rois tes aïeux l'immortel héritage,
Ravager ton pays, mes temples, tes trésors,
Egorger tes sujets, et régner sur des morts :
Arrête.... A ces accents plus forts que le tonnerre,
Le soldat s'épouvante, il embrasse la terre,
Il quitte le pillage : Henri, plein de l'ardeur
Que le combat encore enflammait dans son cœur,
Semblable à l'Océan qui s'appaise et qui gronde :
« O fatal habitant de l'invisible monde !
Que viens-tu m'annoncer dans ce séjour d'horreur? »
Alors il entendit ces mots pleins de douceur :
Je suis cet heureux Roi que la France révère,
Le père des Bourbons, ton protecteur, ton père,
Ce Louis qui jadis combattit comme toi ;
Ce Louis dont ton cœur a négligé la foi ;
Ce Louis qui te plaint, qui t'admire et qui t'aime.
Dieu sur ton trône un jour te conduira lui-même ;
Dans Paris, ô mon fils, tu rentreras vainqueur,
Pour prix de ta clémence, et non de ta valeur.
C'est Dieu qui t'en instruit, et c'est Dieu qui m'envoie.
Le Héros à ces mots verse des pleurs de joie.
La paix a dans son cœur étouffé son courroux :
Il s'écrie, il soupire, il adore à genoux.

D'une divine horreur son âme est pénétrée :
Trois fois il tend les bras à cette ombre sacrée ;
Trois fois son père échappe à ses embrassements,
Tel qu'un léger nuage écarté par les vents.
Du faîte cependant de ce mur formidable,
Tous les ligueurs armés, tout un peuple innombrable,
Etrangers et Français, chefs, citoyens, soldats,
Font pleuvoir sur le Roi le fer et le trépas.
La vertu du Très-Haut brille autour de sa tête,
Et des traits qu'on lui lance écarte la tempête.
Il vit alors, il vit de quel affreux danger
Le père des Bourbons venait le dégager.
Il contemplait Paris d'un œil triste et tranquille :
« Français, s'écria-t-il, et toi fatale ville,
Citoyens malheureux, peuple faible et sans foi,
Jusqu'à quand voulez-vous combattre votre Roi? »
Alors ainsi que l'astre, auteur de la lumière,
Après avoir rempli sa brûlante carrière,
Au bord de l'horizon brille d'un feu plus doux,
Et plus grand à nos yeux paraît fuir loin de nous ;
Loin des murs de Paris, le Héros se retire,
Le cœur plein du saint Roi, plein du Dieu qui l'inspire.
Il marche vers Vincenne, où Louis autrefois
Au pied d'un chêne assis dicta ses justes lois.
Que vous êtes changé, séjour jadis aimable !
Vincennes, tu n'es plus qu'un donjon détestable,
Qu'une prison d'État, qu'un lieu de désespoir,
Où tombent si souvent du faîte du pouvoir
Ces Ministres, ces Grands, qui tonnent sur nos têtes,

Qui vivent à la Cour au milieu des tempêtes,
Oppresseurs, opprimés, fiers, humbles tour-à-tour,
Tantôt l'horreur du peuple, et tantôt son amour.
Bientôt de l'Occident où se forment les ombres,
La nuit vint sur Paris porter ses voiles sombres,
Et cacher aux mortels en ce sanglant séjour,
Ces morts et ces combats qu'avait vus l'œil du jour.

CHANT VII.

SOMMAIRE.

Saint Louis transporte Henri IV en esprit au Ciel et aux Enfers, et lui fait voir, dans le Palais des Destins, sa Postérité, et les Grands Hommes que la France doit produire.

Du Dieu qui nous créa la clémence infinie,
Pour adoucir les maux de cette courte vie,
A placé parmi nous deux êtres bienfaisants,
De la terre à jamais aimables habitants,
Soutiens dans les travaux, trésors dans l'indigence;
L'un est le doux sommeil, et l'autre est l'espérance:
L'un, quand l'homme accablé sent de son faible corps
Les organes vaincus sans force et sans ressorts,
Vient par un calme heureux secourir la nature,
Et lui porter l'oubli des peines qu'elle endure;
L'autre anime nos cœurs, enflamme nos désirs,
Et même en nous trompant donne de vrais plaisirs:
Mais aux mortels chéris à qui le Ciel l'envoie,
Elle n'inspire point une infidèle joie,
Elle apporte de Dieu la promesse et l'appui;
Elle est inébranlable, et pure comme lui.
   Louis près de Henri tous les deux les appella:

« Approchez vers mon fils, venez, couple fidèle. »
Le Sommeil l'entendit de ses antres secrets :
Il marche mollement vers ces ombrages frais.
Les vents à son aspect s'arrêtent en silence ;
Les songes fortunés, enfants de l'espérance,
Voltigent vers le Prince, et couvrent ce Héros
D'olive et de lauriers mêlés à leurs pavots.
Louis en ce moment prenant son diadême,
Sur le front du vainqueur il le posa lui-même :
Règne, dit-il, triomphe, et sois en tout mon fils,
Tout l'espoir de ma race en toi seul est remis ;
Mais le trône, ô Bourbon, ne doit point te suffire ;
Des présents de Louis le moindre est son Empire.
C'est peu d'être un Héros, un Conquérant, un Roi ;
Si le Ciel ne t'éclaire, il n'a rien fait pour toi :
Tous ces honneurs mondains ne sont qu'un bien stérile ;
Des humaines vertus récompense fragile,
Un dangereux éclat qui passe et qui s'enfuit,
Que le trouble accompagne, et que la mort détruit.
Je vais te découvrir un plus durable Empire,
Pour te récompenser, bien moins que pour t'instruire
Viens, obéis, suis-moi par de nouveaux chemins :
Vole au sein de Dieu même, et remplis tes destins.
L'un et l'autre à ces mots dans un char de lumière,
Des cieux en un moment traversent la carrière.
Tels on voit dans la nuit la foudre et les éclairs,
Courir d'un pôle à l'autre, et diviser les airs,
Et telle s'éleva cette nue embrasée,
Qui dérobant aux yeux le maître d'Elisée,
Dans un céleste char de flamme environné,

L'emporta loin des bords de ce globe étonné.
Dans le centre éclatant de ces orbes immenses,
Qui n'ont pu nous cacher leur marche et leurs distances,
Luit cet astre du jour, par Dieu même allumé,
Qui tourne autour de soi sur son axe enflammé.
De lui partent sans fin des torrents de lumière;
Il donne en se montrant la vie à la matière,
Et dispense les jours, les saisons et les ans,
A des mondes divers autour de lui flottants.
Ces astres asservis à la loi qui les presse,
S'attirent dans leur course, et s'évitent sans cesse,
Et servant l'un à l'autre et de règle et d'appui,
Se prêtent les clartés qu'ils reçoivent de lui.
Au-delà de leur cours, et loin dans cet espace,
Où la matière nage, et que Dieu seul embrasse,
Sont des soleils sans nombre, et des mondes sans fin.
Dans cet abyme immense il leur ouvre un chemin.
Par-delà tous ces Cieux, le Dieu des Cieux réside.
C'est-là que le Héros suit son céleste guide;
Là vont se réunir tous ces esprits divers
Qui remplissent les corps, et peuplent l'univers.
Là sont après la mort nos âmes transportées,
De leur prison grossière à jamais dégagées.
Un juge incorruptible y rassemble à ses pieds
Ces immortels esprits que son souffle a créés.
C'est cet Être infini qu'on sert et qu'on honore;
Sous un seul nom enfin le monde entier l'adore:
Du haut de l'empyrée il entend nos clameurs:
Il regarde en pitié ce long amas d'erreurs,
Ces portraits insensés, que l'humaine ignorance

Fait avec piété de sa sagesse immense.
La Mort auprès de lui, fille affreuse du temps,
De ce triste univers conduit les habitants.
Éclairés à l'instant, ces morts dans le silence
Attendent en tremblant l'éternelle sentence.
Dieu qui voit à la fois, entend et connaît tout,
D'un coup d'œil les punit, d'un coup d'œil les absout.
Henri n'approcha point vers le Trône invisible,
D'où part à chaque instant ce jugement terrible,
Où Dieu prononce à tous ses arrêts éternels,
Que méprisent en vain tant d'orgueilleux mortels.
Quel est, disait Henri, s'interrogeant lui-même,
Quel est de Dieu sur eux la justice suprême?
Ce Dieu les punit-il d'avoir fermé leurs yeux
Aux clartés que lui-même il plaça si loin d'eux?
Pourrait-il les juger, tel qu'un injuste Maître,
Sur la Loi des Chrétiens qu'ils n'avaient pu connaître?
Non, Dieu nous a créés, Dieu nous veut sauver tous,
Partout il nous instruit, partout il parle à nous;
Il grave en tous les cœurs la Loi de la nature,
Seule à jamais la même, et seule toujours pure.
Sur cette loi, sans doute, il juge les Payens;
Et si leur cœur fut juste, ils ont été Chrétiens (1).

(1) La religion Catholique enseigne que tout homme qui observe bien la loi naturelle, sera infailliblement éclairé sur a vraie foi; et que Dieu ferait plutôt le plus grand des miracles, que de le laisser mourir dans son erreur involontaire.

Tandis que du Héros la raison confondue
Portait sur ce mystère une indiscrète vue,
Au pied du Trône même une voix s'entendit;
Le Ciel s'en ébranla, l'univers en frémit;
Ses accents ressemblaient à ceux de ce tonnerre,
Quand du mont Sinaï Dieu parlait à la Terre.
Le chœur des immortels se tut pour l'écouter,
Et chaque astre en son cours alla le répeter.
A ta faible raison garde-toi de te rendre;
Dieu t'a fait pour l'aimer et non pour le comprendre.
Invisible à tes yeux, qu'il règne dans ton cœur,
Dieu donne à tous moyen de dissiper l'erreur;
Mais il punit aussi toute erreur volontaire:
Mortel, ouvre les yeux quand son Soleil t'éclaire.
Henri dans ce moment d'un vol précipité
Est par un tourbillon dans l'espace emporté,
Vers un séjour informe, aride, affreux, sauvage,
De l'antique Chaos abominable image,
Impénétrable aux traits de ces Soleils brillants,
Chefs-d'œuvre du Très-Haut, comme lui bienfaisants.
Sur cette terre horrible et des anges haïe,
Dieu n'a point répandu le germe de la vie.
La mort, l'affreuse mort, et la Confusion,
Y semblent établir leur domination.
« Quelles clameurs, ô Dieu! quels cris épouvantables!
Quels torrents de fumée! et quels feux effroyables!
Quels monstres, dit Bourbon, volent dans ces climats!
Quels gouffres enflammés s'entr'ouvrent sous mes pas!

— O mon fils, vous voyez les portes de l'abyme,
Creusé par la justice, habité par le crime.
Suivez-moi; les chemins en sont toujours ouverts. »
Ils marchent aussitôt aux portes des Enfers.
Là gît la sombre Envie, à l'œil timide et louche,
Versant sur des lauriers les poisons de sa bouche.
Le jour blesse ses yeux dans l'ombre étincelants :
Triste amante des morts, elle hait les vivants.
Elle aperçoit Henri, se détourne et soupire.
Auprès d'elle est l'Orgueil, qui se plaît et s'admire;
La faiblesse au teint pâle, aux regards abattus,
Tyran qui cède au crime, et détruit les vertus,
L'Ambition sanglante, inquiète, égarée,
De trônes, de tombeaux, d'esclaves entourée.
Des mortels corrompus ces tyrans effrénés,
A l'aspect de Henri paraissent consternés;
Ils ne l'ont jamais vu, jamais leur troupe impie
N'approcha de son âme à la vertu nourrie :
« Quel mortel, disaient-ils, par ce juste conduit,
Vient nous persécuter dans l'éternelle nuit? »
Le Héros au milieu de ces esprits immondes,
S'avançait à pas lents sous ces voûtes profondes.
Louis guidait ses pas : Ciel! qu'est-ce que je vois!
L'assassin de Valois! Ce monstre devant moi!
Mon père : il tient encor ce couteau parricide,
Dont le Conseil des Seize arma sa main perfide.
« Mon fils, lui dit Louis, de plus sévères lois
Poursuivent en ces lieux les princes et les rois.
Regardez des tyrans, adorés dans leur vie :
Plus ils étaient puissants, plus Dieu les humilie.
Il punit les forfaits que leurs mains ont commis,

Ceux qu'ils n'ont point vengés, et ceux qu'ils ont permis
La mort leur a ravi leurs grandeurs passagères,
Ce faste, ces plaisirs, ces flatteurs mercenaires,
De qui la complaisance, avec dextérité,
A leurs yeux éblouis cachait la vérité.
La vérité terrible ici fait leurs supplices :
Elle est devant leurs yeux, elle éclaire leurs vices.
Voyez, comme à sa voix tremblent ces conquérants,
Héros aux yeux du peuple, aux yeux de Dieu tyrans;
Fléaux du monde entier, que leur fureur embrase,
La foudre qu'ils portaient à leur tour les écrase.
Auprès d'eux sont couchés tous ces rois fainéants,
Sur un trône avili fantômes impuissants. »
Henri voit près des rois leurs insolents ministres :
Il remarque surtout ces conseillers sinistres,
Qui des mœurs et des lois avares corrupteurs,
De Thémis et de Mars ont vendu les honneurs,
Qui mirent les premiers à d'indignes enchères,
L'inestimable prix des vertus de nos pères.
« Ne crois point, dit Louis, que ces tristes victimes
Souffrent des châtiments qui surpassent leurs crimes,
Ni que ce juste Dieu, créateur des humains,
Déchire injustement l'ouvrage de ses mains. »
Il dit, et dans l'instant l'un et l'autre s'avance
Vers les lieux fortunés qu'habite l'innocence.
Ce n'est plus des Enfers l'affreuse obscurité,
C'est du jour le plus pur l'immortelle clarté.
Henri voit ces beaux lieux, et soudain à leur vue
Sent couler dans son âme une joie inconnue.
Les soins, les passions n'y troublent point les cœurs

La volupté tranquille y répand ses douceurs.
Amour, en ces climats tout ressent ton empire :
Ce n'est point cet amour que la mollesse inspire :
C'est ce flambeau divin, ce feu saint et sacré,
Ce pur enfant des Cieux sur la terre ignoré.
De lui seul à jamais tous les cœurs se remplissent ;
Ils désirent sans cesse et sans cesse ils jouissent,
Et goûtent dans les feux d'une éternelle ardeur,
Des plaisirs sans regrets, du repos sans langueur.
Là règnent les bons rois qu'ont produits tous les âges ;
Là sont les vrais héros, là vivent les vrais sages ;
Là, sur un trône d'or, Charlemagne et Clovis
Veillent du haut des Cieux sur l'empire des Lys.
Les plus grands ennemis, les plus fiers adversaires,
Réunis dans ces lieux, n'y sont plus que des frères.
Le sage Louis Douze au milieu de ces rois,
S'élève comme un cèdre et leur donne des lois.
Ce Roi, qu'à nos aïeux donna le Ciel propice,
Sur son trône avec lui fit asseoir la Justice,
Il pardonna souvent, il régna sur les cœurs,
Et des yeux de son peuple il essuya les pleurs.
D'Amboise est à ses pieds, ce Ministre fidèle,
Qui seul aima la France et fut seul aimé d'elle ;
Tendre ami de son Maître, et qui dans ce haut rang
Ne souilla point ses mains de rapine et de sang.
O jours ! ô mœurs ! ô temps d'éternelle mémoire !
Le peuple était heureux, le Roi couvert de gloire :
De ses aimables lois chacun goûtait les fruits.
Revenez, heureux temps, sous un autre Louis.
Plus loin sont ces guerriers prodigues de leur vie,

Qu'enflamma leur devoir, et non pas leur furie,
La Trimoille, Clisson, Montmorency, de Foix,
Guesclin, le destructeur et le vengeur des rois
Le vertueux Bayard; et vous brave Amazone,
La honte des Anglais, et le soutien du trône.
Ces héros, dit Louis, que tu vois dans les Cieux,
Comme toi, de la terre ont ébloui les yeux:
La vertu, comme à toi, mon fils, leur était chère,
Mais, enfants de l'Eglise, ils ont chéri leur mère:
Leur cœur simple et docile aimait la vérité:
Leur culte était le mien; pourquoi l'as-tu quitté?
Comme il disait ces mots d'une voix gémissante,
Le palais des destins devant lui se présente;
Il fait marcher son fils vers ces sacrés remparts,
Et cent portes d'airain s'ouvrent à ses regards.
Le temps, d'une aile prompte, et d'un vol insensible,
Fuit, et revient sans cesse à ce palais terrible:
Et de là sur la terre il verse à pleines mains
Et les biens et les maux destinés aux humains.
Sur un autel de fer un livre inexplicable
Contient de l'avenir l'histoire irrévocable.
La main de l'Eternel y marqua nos désirs,
Et nos chagrins cruels et nos faibles plaisirs.
Mon cher fils, dit Louis, c'est de là que la Grâce
Fait sentir aux humains sa faveur efficace:
C'est de ces lieux sacrés, qu'un jour son trait vainqueur
Doit partir, doit brûler, doit embrâser ton cœur.
Hâte par tes soupirs cet instant désirable;
Et la France envers toi ne sera plus coupable;
Mais qu'ils sont encor loin ces temps, ces heureux temps

Où Dieu doit te compter au rang de ses enfants !
Que tu dois éprouver de faiblesses honteuses!
Et que tu marcheras dans des routes trompeuses !
Retranches, ô mon Dieu! des jours de ce grand Roi,
Ces jours infortunés qui l'éloignent de toi.
Mais dans ces vastes lieux quelle foule s'empresse !
Elle entre à tout moment, et s'écoule sans cesse.
Vous voyez, dit Louis, dans ce sacré séjour
Les portraits des humains qui doivent naître un jour :
Des siècles à venir ces errantes images
Rassemblent tous les lieux, devancent tous les âges,
Tous les jours des humains, comptés avant les temps,
Au yeux de l'Eternel à jamais sont présents.
Le destin marque ici l'instant de leur naissance,
L'abaissement des uns, des autres la puissance,
Les divers changements attachés à leur sort :
Leurs vices, leurs vertus, leur fortune et leur mort.
Approchons-nous ; le Ciel te permet de connaître
Les rois et les héros qui de toi doivent naître.
Le premier qui paraît c'est ton auguste fils ;
Il soutiendra long-temps la gloire de nos Lys,
Triomphateur heureux du Belge et de l'Ibère ;
Mais il n'égalera ni son fils ni son père.
O toi, sage Colbert, vaste dans tes desseins,
Toi dans le second rang le premier des humains,
Colbert, c'est sur tes pas que l'heureuse abondance,
Fille de tes travaux vient enrichir la France ;
Bienfaiteur de ce peuple ardent à t'outrager,
En le rendant heureux tu sauras t'en venger;
Semblable à ce héros confident de Dieu même,

Qui nourrit les Hébreux pour prix de leur blasphême.
Ciel! quel pompeux amas de peuples à genoux,
Est aux pieds de ce Roi qui les fait trembler tous!
Quels honneurs! quels respects! jamais Roi dans la France,
N'accoutuma son peuple à tant d'obéissance.
Je le vois, comme vous, par la gloire animé,
Mieux obéi, plus craint, peut-être moins aimé,
Je le vois éprouvant des fortunes diverses,
Noble dans ses succès, et ferme en ses traverses;
De vingt peuples ligués bravant seul tout l'effort,
Admirable en sa vie et plus grand dans sa mort.
Siècle heureux de Louis, siècle que la nature
De ses plus beaux présents doit combler sans mesure,
C'est toi qui dans la France amènes les Beaux-arts;
Sur toi tout l'avenir va porter ses regards;
Les muses à jamais y fixent leur empire;
La toile est animée et le marbre respire.
Quels sages rassemblés dans ces augustes lieux
Mesurent l'Univers et lisent dans les Cieux,
Et dans la nuit obscure apportant la lumière,
Sondent les profondeurs de la nature entière?
L'Erreur présomptueuse à leur aspect s'enfuit,
Et vers la Vérité le doute les conduit.
Et toi, fille du Ciel, toi, puissante Harmonie,
Art charmant, qui polis la Grèce et l'Italie,
J'entends de tous côtés ton langage enchanteur,
Et tes sons souverains de l'oreille et du cœur.
Français, vous savez vaincre et chanter vos conquêtes;

Il n'est point de lauriers qui ne couvrent vos têtes:
Un peuple de héros va naître en ces climats;
Je vois tous les Bourbons voler dans les combats.
A travers mille feux je vois Condé paraître,
Tour-à-tour la terreur et l'appui de son maître;
Turenne, de Condé le généreux rival,
Moins brillant, mais plus sage, et du moins son égal.
Catinat réunit, par un rare assemblage,
Les talents du guerrier et les vertus du sage.
Vauban sur un rempart, un compas à la main,
Rit du bruit impuissant de cent foudres d'airain.
Malheureux à la cour, invincible à la guerre,
Luxembourg fait trembler l'Empire et l'Angleterre.
Regardez dans Denain l'audacieux Villars,
Disputant le tonnerre à l'aigle des Césars:
Arbitre de la paix que la victoire amène,
Digne appui de son Roi, digne rival d'Eugène.
Quel est ce jeune prince en qui la majesté
Sur son visage aimable éclate sans fierté?
D'un œil d'indifférence il regarde le trône.
Ciel! quelle nuit soudaine à mes yeux l'environne!
La mort autour de lui vole sans s'arrêter;
Il tombe au pied du Trône, étant près d'y monter.
O mon fils! des Français vous voyez le plus juste;
Les Cieux le formeront de votre sang auguste.
Grand Dieu! ne faites-vous que montrer aux humains
Cette fleur passagère, ouvrage de vos mains?
Hélas! que n'eût point fait cette ame vertueuse?
La France sous son règne eût été trop heureuse;
Il eût entretenu l'abondance et la paix;

Mon fils, il eût compté ses jours par ses bienfaits ;
Il eût aimé son peuple. O jours remplis d'alarmes !
O combien les Français vont répandre de larmes,
Quand sous la même tombe ils verront réunis
Et l'époux et la femme, et la mère et le fils !
Un faible rejeton sort entre les ruines
De cet arbre fécond coupé dans les racines.
Les enfants de Louis descendus au tombeau,
Ont laissé dans la France un monarque au berceau,
De l'Etat ébranlé douce et frêle espérance.
O toi, prudent Fleury, veille sur son enfance,
Conduis ses premiers pas, cultive sous tes yeux
Du plus pur de mon sang le dépôt précieux.
Tout Souverain qu'il est, instruis-le à se connaître :
Qu'il sache qu'il est homme, en voyant qu'il est Maître :
Qu'aimé de ses sujets, ils soient chers à ses yeux :
Apprends-lui qu'il n'est roi, qu'il n'est né que pour eux.
France, reprends sous lui ta majesté première,
Perce la triste nuit qui couvrait ta lumière ;
Que les Arts, qui déjà voulaient t'abandonner,
De leurs utiles mains viennent te couronner.
L'Océan te demande en ses grottes profondes,
Où sont tes pavillons qui flottaient sur ses ondes ?
Du Nil et de l'Euxin, de l'Inde et de ses ports,
Le Commerce t'appelle et t'ouvre ses trésors.
Maintiens l'ordre et la paix, sans chercher la victoire.
Sois l'arbitre des rois, c'est assez pour ta gloire ;
Il t'en a trop coûté d'en être la terreur.
Près de ce jeune Roi s'avance avec splendeur

Un héros que de loin poursuit la calomnie ;
Facile et non pas faible, ardent, plein de génie,
Trop ami des plaisirs, et trop des nouveautés ;
Remuant l'Univers du sein des voluptés ;
Par des ressorts nouveaux, sa politique habile
Tient l'Europe en suspens, divisée et tranquille.
Les Arts sont éclairés par ses yeux vigilants :
Né pour tous les emplois, il a tous les talents,
Ceux d'un chef, d'un soldat, d'un citoyen, d'un maître :
Il n'est pas roi, mon fils ; mais il enseigne à l'être.
Alors dans un orage, au milieu des éclairs,
L'étendard de la France apparut dans les airs :
Devant lui d'Espagnols une troupe guerrière
De l'aigle des Germains brisait la tête altière.
O mon père, quel est ce spectacle nouveau ?
Tout change, dit Louis, et tout a son tombeau.
Adorons du Très-Haut la sagesse cachée ;
Du puissant Charles-Quint la race est retranchée.
L'Espagne à nos genoux vient demander des rois :
C'est un de nos neveux qui leur donne des lois :
Philippe.... A cet objet Henri demeure en proie
A la douce surprise, aux transports de sa joie.
Modérez, dit Louis, ce premier mouvement ;
Craignez encor, craignez ce grand événement.
Oui du sein de Paris, Madrid reçoit un Maître :
Cet honneur à tous deux est dangereux peut-être.
O rois nés de mon sang ! ô Philippe ! ô mes fils !
France, Espagne, à jamais puissiez-vous être unis !
Jusqu'à quand voulez-vous, malheureux politiques,
Allumer les flambeaux des discordes publiques ?

Il dit. En ce moment le Héros ne vit plus
Qu'un assemblage vain de mille objets confus :
Du Temple des Destins les portes se fermèrent,
Et les voûtes des Cieux devant lui s'éclipsèrent.
L'Aurore cependant au visage vermeil,
Ouvrait dans l'Orient le palais du soleil :
La nuit en d'autres lieux portait ses voiles sombres :
Les songes voltigeants fuyaient avec les ombres.
Le Prince, en s'éveillant, sent au fond de son cœur
Une force nouvelle, une divine ardeur :
Ses regards inspiraient le respect et la crainte :
Dieu remplissait son front de sa Majesté sainte.
Ainsi, quand le vengeur des peuples d'Israël
Eut sur le mont Sina consulté l'Eternel,
Les Hébreux, à ses pieds couchés sur la poussière,
Ne purent de ses yeux soutenir la lumière.

CHANT VIII.

SOMMAIRE.

Le Comte d'Egmont vient de la part du Roi d'Espagne au secours de Mayenne et des Ligueurs. Bataille d'Ivry, dans laquelle Mayenne est défait, et d'Egmont tué. Valeur et clémence de Henri le Grand.

Des Etats dans Paris la confuse assemblée
Avait perdu l'orgueil dont elle était enflée.
Au seul nom de Henri, les ligueurs, pleins d'effroi,
Semblaient tous oublier qu'ils voulaient faire un roi.
Rien ne pouvait fixer leur fureur incertaine,
Et n'osant dégrader ni couronner Mayenne,
Ils avaient confirmé, par leurs décrets honteux,
Le pouvoir et le rang qu'il ne tenait pas d'eux.
  Ce Lieutenant sans Chef, ce Roi sans diadême,
Toujours dans son parti garde un pouvoir suprême.
Un peuple obéissant, dont il se dit l'appui,
Lui promet de combattre et de mourir pour lui.
Plein d'un nouvel espoir, au Conseil il appelle
Tous les chefs orgueilleux, vengeurs de sa querelle;
Les Lorrains, les Nemours, la Châtre, Canillac,
Et l'inconstant Joyeuse, et Saint-Paul, et Brissac.
Ils viennent : la fierté, la vengeance, la rage,

Le désespoir, l'orgueil, sont peints sur leur visage.
Quelques-uns en tremblant semblaient porter leurs pas,
Affaiblis par leur sang versé dans les combats;
Mais ces mêmes combats, leur sang, et leurs blessures
Les excitaient encore à venger leurs injures.
Tous auprès de Mayenne ils viennent se ranger:
Tous, le fer dans les mains, jurent de le venger.
Telle au haut de l'Olympe, aux champs de Thessalie,
Des enfants de la Terre on peint la troupe impie,
Entassant des rochers, et ménaçant les Cieux,
Ivre du fol espoir de détrôner les Dieux.
La Discorde à l'instant, entr'ouvrant une nue,
Sur un char lumineux se présente à leur vue:
Courage, leur dit-elle, on vient vous secourir;
C'est maintenant, Français, qu'il faut vaincre ou mourir.
D'Aumale le premier se lève à ces paroles;
Il court, il voit de loin les lances Espagnoles:
Le voilà, cria-t-il, le voilà ce secours
Demandé si long-temps, et différé toujours:
Amis, enfin l'Autriche a secouru la France.
Il dit: Mayenne alors vers les portes s'avance.
Le secours paraissait vers ces lieux révérés
Qu'aux tombes de nos rois la Mort a consacrés.
Ce formidable amas d'armes étincelantes;
Cet or, ce fer brillant, ces lances éclatantes,
Ces casques, ces harnois, ce pompeux appareil,
Défiaient dans les champs les rayons du soleil.
Tout le peuple au-devant court en foule avec joie;
Ils bénissent le chef que Madrid leur envoie;

C'était le jeune Egmont ce guerrier obstiné,
Ce fils ambitieux d'un père infortuné.
Philippe l'envoyait sur les bords de la Seine,
Comme un Dieu tutélaire au secours de Mayenne,
Et Mayenne avec lui crut aux tentes du Roi
Rapporter à son tour le carnage et l'effroi.
Le téméraire orgueil accompagnait leur trace.
Qu'avec plaisir, grand Roi, tu voyais cette audace!
Et que tes vœux hâtaient le moment d'un combat,
Où semblaient attachés les destins de l'Etat!
Près des bords de l'Iton et des rives de l'Eure,
Est un champ fortuné, l'amour de la nature:
La guerre avait long-temps respecté les trésors
Dont Flore et les Zéphyrs embellissaient ces bords.
Au milieu des horreurs des discordes civiles,
Les bergers de ces lieux coulaient des jours tranquilles:
Protégés par le ciel et par leur pauvreté,
Ils semblaient des soldats braver l'avidité,
Et sous leurs toits de chaume, à l'abri des alarmes,
N'entendaient point le bruit des tambours et des armes.
Les deux camps ennemis arrivent en ces lieux;
La désolation partout marche avant eux,
De l'Eure et de l'Iton les ondes s'alarmèrent;
Les bergers pleins d'effroi dans les bois se cachèrent;
Et leurs tristes moitiés, compagnes de leurs pas,
Emportent leurs enfants gémissants dans leurs bras.
Habitants malheureux de ces bords pleins de charmes,
Du moins à votre Roi n'imputez point vos larmes:

S'il cherche les combats, c'est pour donner la paix :
Peuples, sa main sur vous répandra ses bienfaits :
Il veut finir vos maux, il vous plaint, il vous aime,
Et dans ce jour affreux il combat pour vous-même.
Les moments lui sont chers, il court dans tous les rangs
Sur un coursier fougueux, plus léger que les vents,
Qui, fier de son fardeau, du pied frappant la terre,
Appelle les dangers et respire la guerre.
On voyait près de lui briller tous ces guerriers,
Compagnons de sa gloire et ceints de ses lauriers.
D'Aumont, qui sous cinq rois avait porté les armes,
Biron, dont le seul nom répandait les alarmes,
Et son fils jeune encore, ardent, impétueux ;
Qui depuis.....mais alors il était vertueux.
Sully, Nangis, Crillon, ces ennemis du crime
Que la Ligue déteste, et que la Ligue estime :
Turenne, qui, depuis, de la jeune Bouillon
Mérita dans Sedan la puissance et le nom ;
Puissance malheureuse et trop mal conservée
E par Armand détruite aussitôt qu'élevée.
Essex avec éclat paraît au milieu d'eux,
Tel que dans nos jardins un palmier sourcilleux,
A nos ormes touffus mêlant sa tête altière,
Paraît s'énorgueillir de sa tige étrangère.
Son casque étincelait des feux les plus brillants
Qu'étalaient à l'envi l'or et les diamants,
Dons chers et précieux, dont sa fière maîtresse
Honora son courage, ou plutôt sa tendresse.
Ambitieux Essex, vous étiez à la fois,
L'honneur de votre Reine, et le soutien des rois.

Plus loin sont la Trimoille, et Clermont et Feuquières,
Le malheureux de Nesle, et l'heureux Lesdiguières;
D'Ailly pour qui ce jour fut un jour trop fatal.
Tous ces héros en foule attendaient le signal;
Et rangés près du Roi, lisaient sur son visage
D'un triomphe certain l'espoir et le présage.
Mayenne en ce moment, inquiet, abattu,
Dans son cœur étonné cherche en vain sa vertu;
Soit que de son parti connaissant l'injustice
Il ne crût point le Ciel à ses armes propice;
Soit que l'âme, en effet, ait des pressentiments,
Avant-coureurs certains des grands événements,
Ce Héros cependant, maître de sa faiblese,
Déguisait ses chagrins sous sa fausse allégresse.
Il s'excite, il s'empresse, il inspire aux soldats
Cet espoir généreux que lui-même il n'a pas.
D'Egmont auprès de lui, plein de la confiance
Que dans un jeune cœur fait naître l'imprudence,
Impatient déjà d'exercer sa valeur,
De l'incertain Mayenne accusait la lenteur.
Tel qu'échappé du sein d'un riant pâturage,
Au bruit de la trompette animant son courage,
Dans les champs de la Thrace un coursier orgueilleux
Indocile, inquiet, plein d'un feu belliqueux,
Levant les crins mouvants de sa tête superbe,
Impatient du frein, vole et bondit sur l'herbe;
Tel paraissait Egmont: une noble fureur
Eclate dans ses yeux, et brûle dans son cœur;
Il s'entretient déjà de sa prochaine gloire,
Il croit que son destin commande à la victoire:
Hélas! il ne sait point que son fatal orgueil

Dans les plaines d'Ivry lui prépare un cercueil.
Vers les Ligueurs enfin le grand Henri s'avance,
Et, s'adressant aux siens, qu'enflammait sa présence:
« Vous êtes nés Français, et je suis votre Roi,
» Voilà nos ennemis, marchez et suivez-moi;
» Ne perdez point de vue, au fort de la tempête,
» Ce panache éclatant qui flotte sur ma tête;
» Vous le verrez toujours au chemin de l'honneur. »
A ces mots, que ce Roi prononçait en vainqueur,
Il voit d'un feu nouveau ses troupes enflammées,
Et marche en invoquant le grand Dieu des armées.
Sur les pas des deux Chefs alors en même temps,
On voit des deux partis voler les combattants.
Ainsi, lorsque des monts séparés par Alcide,
Les aquilons fougueux fondent d'un vol rapide,
Soudain les flots émus de deux profondes mers
D'un choc impétueux s'élancent dans les airs;
La terre au loin gémit, le jour fuit, le Ciel gronde,
Et l'Africain tremblant craint la chute du Monde.
Au mousquet réuni le sanglant coutelas
Déjà de tout côté porte un double trépas.
Cette arme que jadis, pour dépeupler la terre,
Dans Bayonne inventa le Démon de la guerre,
Rassemble en même temps, digne fruit de l'enfer,
Ce qu'ont de plus terrible et la flamme et le fer.
On se mêle, on combat; l'adresse, le courage,
Le tumulte, les cris, la peur, l'aveugle rage,
La honte de céder, l'ardente soif du sang,
Le désespoir, la mort, passent de rang en rang.
L'un poursuit un parent dans le parti contraire;
Là, le frère en fuyant meurt de la main d'un frère.

La nature en frémit, et ce rivage affreux
S'abreuvait à regret de leur sang malheureux.
Dans d'épaisses forêts de lances hérissées,
De bataillons sanglants, de troupes renversées,
Henri pousse, s'avance et se fait un chemin;
Le grand Mornay le suit, toujours calme et serein.
Il veille autour de lui tel qu'un puissant Génie:
Tel qu'on feignait jadis, aux champs de la Phrygie,
De la terre et des Cieux les moteurs éternels,
Mêlés dans les combats sous l'habit des mortels;
Ou tel que du vrai Dieu les Ministres terribles,
Ces Puissances des Cieux, ces êtres impassibles,
Environnés des vents, des foudres, des éclairs,
D'un front inaltérable ébranlent l'univers.
Il reçoit de Henri tous ces ordres rapides,
De l'âme d'un héros mouvements intrépides,
Qui changent le combat, qui fixent le destin;
Aux chefs des légions il les porte soudain,
L'officier les reçoit; sa troupe impatiente
Régle au son de sa voix sa rage obéissante.
On s'écarte, on s'unit, on marche en divers corps;
Un esprit seul préside à ces vastes ressorts.
Mornay revole au Prince, il le suit, il l'escorte;
Il parc en lui parlant plus d'un coup qu'on lui porte:
Mais il ne permet pas à ses stoïques mains
De se souiller du sang des malheureux humains.
De son Roi seulement son âme est occupée:
Pour sa défense seule il a tiré l'épée;
Et son rare courage, ennemi des combats,
Sait affronter la mort, et ne la donne pas.
De Turenne déjà la valeur indomptée

Repoussait de Nemours la troupe épouvantée.
D'Ailly portait partout la crainte et le trépas,
D'Ailly tout orgueilleux de trente ans de combats,
Et qui dans les horreurs de la guerre cruelle,
Reprend, malgré son âge, une force nouvelle.
Un seul guerrier s'oppose à ses coups menaçants :
C'est un jeune Héros à la fleur de ses ans,
Qui, dans cette journée illustre et meurtrière,
Commençait des combats la fatale carrière :
Méprisant des plaisirs la flatteuse douceur
Il cueillait des lauriers dans le champ de l'honneur.
Honteux de n'être encor fameux que par ses charmes,
Avide de la gloire, il volait aux alarmes.
Ce jour sa jeune épouse en accusant le Ciel,
En détestant la Ligue, et ce combat mortel,
Arma son tendre époux, et d'une main tremblante
Attacha tristement sa cuirasse pesante,
Et couvrit, en pleurant, d'un casque précieux,
Ce front rempli d'audace, et si cher à ses yeux.
Il marche vers d'Ailly dans sa fureur guerrière,
Parmi des tourbillons de flamme, de poussière,
A travers les blessés, les morts et les mourants.
De leurs coursiers fougueux tous deux pressent les flancs,
Tous deux sur l'herbe unie, et de sang colorée,
S'élancent loin des rangs, d'une course assurée :
Sanglants, couverts de fer, et la lance à la main
D'un choc épouvantable ils se frappent soudain.
La terre en retentit, leurs lances sont rompues :
Comme en un Ciel brûlant deux effroyables nues,
Qui portant le tonnerre et la mort dans leurs flancs,
Se heurtent dans les airs et volent sur les vents ;

De leur mélange affreux les éclairs rejaillissent ;
La foudre en est formée, et les mortels frémissent ;
Mais loin de leurs coursiers, par un subit effort,
Ces guerriers malheureux cherchent une autre mort.
Déjà brille en leurs mains le fatal cimeterre.
La Discorde accourut, le démon de la guerre,
La Mort pâle et sanglante étaient à ses côtés.
Malheureux ! suspendez vos coups précipités.
Mais un destin funeste enflamme leur courage ;
Dans le cœur l'un de l'autre ils cherchent un passage,
Dans ce cœur ennemi qu'ils ne connaissent pas.
Le fer qui les couvrait, brille et vole en éclats ;
Sous les coups redoublés leur cuirasse étincelle ;
Leur sang, qui rejaillit, rougit leur main cruelle ;
Leur bouclier, leur casque arrêtant leur effort,
Pare encor quelques coups, et repousse la mort.
Chacun d'eux, étonné de tant de résistance,
Respectait son rival, admirait sa vaillance.
Enfin le vieux d'Ailly, par un coup malheureux,
Fait tomber à ses pieds ce guerrier généreux,
Ses yeux sont pour jamais fermés à la lumière,
Son casque auprès de lui roule sur la poussière.
D'Ailly voit son visage ; ô désespoir ! ô cris !
Il le voit, il l'embrasse : hélas ! c'était son fils.
Le père infortuné, les yeux baignés de larmes,
Tournait contre son sein ses parricides armes :
On l'arrête, on s'oppose à sa juste fureur ;
Il s'arrache en tremblant de ce lieu plein d'horreur ;
Il déteste à jamais sa coupable victoire ;
Il renonce à la cour, aux humains, à la gloire ;
Et se fuyant lui-même, au milieu des déserts,

Il va cacher sa peine au bout de l'univers.
Là, soit que le soleil rendit le jour au monde,
Soit qu'il finit sa course au vaste sein de l'onde,
Sa voix faisait redire aux échos attendris,
Le nom, le triste nom de son malheureux fils.
Du héros expirant la jeune et tendre amante,
Par la terreur conduite, incertaine, tremblante,
Vient d'un pied chancelant sur ces funestes bords :
Elle cherche, elle voit dans la foule des morts,
Elle voit son époux, elle tombe éperdue;
Le voile de la mort se répand sur sa vue :
Elle tient dans ses bras ce corps pâle et sanglant,
Le regarde, soupire, et meurt en l'embrassant.
Père, époux malheureux, famille déplorable,
Des fureurs de ces temps exemple lamentable,
Puisse de ce combat le souvenir affreux
Exciter la pitié de nos derniers neveux,
Arracher à leurs yeux des larmes salutaires,
Et qu'ils n'imitent point les crimes de leurs pères !
Mais qui fait fuir ainsi ces Ligueurs dispersés ?
Quel héros, ou quel Dieu les a tous renversés ?
C'est le jeune Biron, c'est lui dont le courage
Parmi leurs bataillons s'était fait un passage.
D'Aumale les voit fuir, et bouillant de courroux :
Arrêtez, revenez..... lâches, où courez-vous ?
Vous, fuir ! vous, compagnons de Mayenne et de Guise !
Vous qui devez venger Paris, Rome et l'Eglise !
Suivez-moi, rappelez votre antique vertu,
Combattez sous d'Aumale et vous avez vaincu.
Aussitôt secouru de Beauveau, de Fosseuse,
Du farouche Saint-Paul, de l'inconstant Joyeuse,

Il rassemble avec eux ces bataillons épars,
Qu'il anime en marchant du feu de ses regards.
La fortune avec lui revient d'un pas rapide :
Biron soutient en vain, d'un courage intrépide,
Le cours précipité de ce fougueux torrent;
Il voit à ses côtés Parabere expirant;
Dans la foule des morts il voit tomber Feuquière;
Nesle, Clermont, d'Angenne ont mordu la poussière.
Percé de coups lui-même il est près de périr....
C'était ainsi, Biron, que tu devais mourir.
Un trépas si fameux, une chute si belle,
Rendait de ta vertu la mémoire immortelle.

Le généreux Bourbon sut bientôt le danger,
Où Biron trop ardent venait de s'engager.
Il l'aimait non en Roi, non en maître sévère,
Qui souffre qu'on aspire à l'honneur de lui plaire,
Et de qui le cœur dur et l'inflexible orgueil
Croit le sang d'un sujet trop payé d'un coup-d'œil.
Henri de l'amitié sentit les nobles flammes :
Amitié! don du Ciel, plaisir des grandes âmes;
Amitié! que les rois, ces illustres ingrats,
Sont assez malheureux pour ne connaître pas!
Il court le secourir; ce beau feu qui le guide
Rend son bras plus puissant, et son vol plus rapide.
Biron, qu'environnaient les ombres de la mort,
A l'aspect de son Roi, fait un dernier effort;
Il rappelle, à sa voix, les restes de sa vie;
Sous les coups de Bourbon, tout s'écarte, tout plie :
Ton roi, jeune Biron, t'arrache à ces soldats,
Dont les coups redoublés achevaient ton trépas.
Tu vis; songe du moins à lui rester fidèle.

Un bruit affreux s'entend. La Discorde cruelle
Aux vertus du Héros opposant ses fureurs,
D'une rage nouvelle embrâse les Ligueurs.
Elle vole à leur tête, et sa bouche fatale
Fait retentir au loin sa trompette infernale;
Par ces sons trop connus d'Aumale est excité,
Aussi prompt que le trait dans les airs emporté.
Il cherchait le Héros, sur lui seul il s'élance,
Des Ligueurs en tumulte une foule s'avance.
Tels au fond des forêts précipitant leurs pas,
Ces animaux hardis, nourris pour les combats,
Fiers esclaves de l'homme, et nés pour le carnage,
Pressent un sanglier, en ranimant sa rage:
Ignorant le danger; aveugles, furieux,
Le cor excite au loin leur instinct belliqueux;
Les antres, les rochers, les monts en retentissent:
Ainsi contre Bourbon mille ennemis s'unissent;
Il est seul contre tous, abandonné du sort,
Accablé par le nombre, entouré de la mort.
Louis, du haut des Cieux, dans ce danger terrible,
Donne au Héros qu'il aime une force invincible;
Il est comme un rocher qui, menaçant les airs,
Rompt la course des vents et repousse les mers.
Qui pourrait exprimer le sang et le carnage
Dont l'Eure en ce moment vit couvrir son rivage?
O vous, mânes sanglants du plus vaillant des rois,
Éclairez mon esprit, et parlez par ma voix.
Il voit voler vers lui sa Noblesse fidelle;
Elle meurt pour son Roi, son Roi combat pour elle.
L'effroi le devançait, la mort suivait ses coups,
Qand le fougueux Egmont s'offrit à son courroux.

Long-temps cet étranger trompé par son courage,
Avait cherché le Roi dans l'horreur du carnage :
Dût sa témérité le conduire au cercueil,
L'honneur de le combattre irritait son orgueil.
Viens, Bourbon, criait-il, viens augmenter ta gloire;
Combattons, c'est à nous de fixer la victoire.
Comme il disait ces mots un lumineux éclair,
Messager des destins, fend les plaines de l'air :
L'arbitre des combats fait gronder son tonnerre,
Le soldat sous ses pieds sentit trembler la terre.
D'Egmont croit que les Cieux lui doivent leur appui,
Qu'ils défendent sa cause, et combattent pour lui,
Que la nature entière, attentive à sa gloire,
Par la voix du tonnerre annonçait sa victoire.
D'Egmont joint le Héros, il l'atteint vers le flanc,
Il triomphait déjà d'avoir versé son sang.
Le Roi, qu'il a blessé, voit son péril sans trouble;
Ainsi que le danger son audace redouble,
Son grand cœur s'applaudit d'avoir au champ d'honneur
Trouvé des ennemis dignes de sa valeur.
Loin de le retarder, sa blessure l'irrite;
Sur ce fier ennemi Bourbon se précipite :
D'Egmont d'un coup plus sûr est renversé soudain;
Le fer étincelant se plongea dans son sein.
Sous leurs pieds teints de sang les chevaux le foulèrent;
Des ombres du trépas ses yeux s'enveloppèrent;
Pour rappeler la vie il fait de vains efforts,
Et son âme en courroux s'envole chez les morts.
Espagnols tant vantés, troupe jadis si fière,

Sa mort anéantit votre vertu guerrière.
Pour la première fois vous connûtes la peur.
L'étonnement, l'esprit de trouble et de terreur
S'empare en ce moment de leur troupe alarmée :
Il passe en tous les rangs, il s'étend sur l'armée ;
Les chefs sont effrayés, les soldats éperdus ;
L'un ne peut commander, l'autre n'obéit plus.
Ils jettent leurs drapeaux, ils courent, se renversent,
Poussent des cris affreux, se heurtent, se dispersent;
Les uns sans résistance à leur vainqueur offerts,
Fléchissent les genoux, et demandent des fers.
D'autres d'un pas rapide évitant sa poursuite,
Jusqu'aux rives de l'Eure emportés dans leur fuite,
Dans les profondes eaux vont se précipiter,
Et courent au trépas qu'ils veulent éviter.
Les flots couverts de morts interrompent leur course,
Et le fleuve sanglant remonte vers sa source.
Mayenne, en ce tumulte, incapable d'effroi,
Affligé, mais tranquille et maître encor de soi,
Voit d'un œil assuré sa fortune cruelle,
Et tombant sous ses coups, songe à triompher d'elle.
D'Aumale auprès de lui, la fureur dans les yeux,
Accusait les Flamands, la fortune et les Cieux.
Tout est perdu, dit-il, mourons, brave Mayenne.
Quittez, lui dit son chef, une fureur si vaine,
Vivez pour un parti dont vous êtes l'honneur,
Vivez pour réparer sa perte et son malheur :
Que vous et Bois-Dauphin, dans ce moment funeste,
De nos soldats épars assemblent ce qui reste.
Suivez-moi l'un et l'autre aux remparts de Paris,

De la Ligue en marchant ramassez les débris,
De Coligny vaincu surpassons le courage.
D'Aumale, en l'écoutant, pleure et frémit de rage.
Cet ordre qu'il déteste, il va l'exécuter;
Semblable au fier lion qu'un Maure a su dompter,
Qui docile à son maître, à tout autre terrible,
A la main qu'il connaît soumet sa tête horrible,
Le suit d'un air affreux, le flatte en rugissant,
Et paraît menacer même en obéissant.
Mayenne cependant, par une fuite prompte,
Dans les murs de Paris courait cacher sa honte.
Henri victorieux voyait de tous côtés
Les Ligueurs sans défense implorant ses bontés.
Des Cieux en ce moment les voûtes s'entr'ouvrirent,
Les Mânes des Bourbons dans les airs descendirent.
Louis au milieu d'eux, du haut du firmament,
Vint contempler Henri dans ce fameux moment,
Vint voir comme il saurait user de la victoire,
Et s'il achèverait de mériter sa gloire.
Ses soldats près de lui, d'un œil plein de courroux,
Regardaient ces vaincus échappés à leurs coups.
Les captifs en tremblant conduits en sa présence,
Attendaient leur arrêt dans un profond silence:
Le mortel désespoir, la honte, la terreur,
Dans leurs yeux égarés avaient peint leur malheur.
Bourbon tourna sur eux des regards pleins de grâce,
Où régnaient à la fois la douceur et l'audace:
Soyez libres, dit-il, vous pouvez désormais
Rester mes ennemis, ou vivre mes sujets.
Entre Mayenne et moi reconnaissez un Maître,
Voyez qui de nous deux a mérité de l'être:
Esclaves de la Ligue, ou compagnons d'un Roi,

Allez gémir sous elle, ou triomphez sous moi :
Choisissez. A ces mots d'un roi couvert de gloire,
Sur un champ de bataille, au sein de la victoire,
On voit en un moment ces captifs éperdus,
Contents de leur défaite, heureux d'être vaincus.
Leurs yeux sont éclairés, leurs cœurs n'ont plus de haine,
Sa valeur les vainquit, sa vertu les enchaîne;
Et s'honorant déjà du nom de ses soldats,
Pour expier leur crime ils marchent sur ses pas.
Le généreux vainqueur a cessé le carnage,
Maître de ses guerriers, il fléchit leur courage.
Ce n'est plus ce lion qui, tout couvert de sang,
Portait avec l'effroi la mort de rang en rang.
C'est un Dieu bienfaisant, qui, laissant son tonnerre,
Enchaîne la tempête et console la terre.
Sur ce front menaçant, terrible, ensanglanté,
La paix a mis les traits de la sérénité.
Ceux à qui la lumière était presque ravie,
Par ses ordres humains sont rendus à la vie,
Et sur tous leurs dangers, et sur tous leurs besoins
Tel qu'un père attentif il étendait ses soins.

Du vrai comme du faux la prompte messagère,
Qui s'accroît dans sa course, et d'une aile légère,
Plus prompte que le temps, vole au-delà des mers,
Passe d'un pôle à l'autre, et remplit l'univers,
Ce monstre composé d'yeux, de bouches, d'oreilles,
Qui célèbre des Rois la honte, ou les merveilles,
Qui rassemble sous lui la curiosité,
L'espoir, l'effroi, le doute, et la crédulité,
De sa brillante voix, trompette de la gloire,

Du Héros de la France annonçait la victoire.
Du Tage à l'Eridan le bruit en fut porté,
Bourbon fut en tout lieu jusqu'au Ciel exalté.
Le Nord, à cette voix, tressaillit d'allégresse;
Madrid frémit d'effroi, de honte et de tristesse.
O malheureux Paris, infidèles Ligueurs!
O citoyens trompés par d'injustes clameurs!
De quels cris douloureux vos places retentirent!
De cendre en ce moment vos têtes se couvrirent.
Hélas! Mayenne encor vient flatter vos esprits;
Vaincu, mais plein d'espoir, et maître de Paris,
Sa politique habile, au fond de sa retraite,
Aux Ligueurs incertains déguisait sa défaite.
Contre un coup si funeste il veut les rassurer;
En cachant sa disgrace, il croit la réparer:
Par cent bruits mensongers il ranimait leur zèle:
Mais malgré tant de soins, la vérité cruelle,
Démentant à ses yeux ses discours imposteurs,
Volait de bouche en bouche, et glaçait tous les cœurs.
La Discorde en frémit, et redoublant sa rage:
Non, je ne verrai point détruire mon ouvrage,
Dit-elle, et n'aurai point, dans ces murs malheureux,
Versé tant de poisons, allumé tant de feux,
De tant de flots de sang cimenté ma puissance,
Pour laisser à Bourbon l'empire de la France.
Tout terrible qu'il est, j'ai l'art de l'affaiblir;
Si je n'ai pu le vaincre, on le peut amollir.
N'opposons plus d'efforts à sa valeur suprême.
Henri n'aura jamais de vainqueur que lui-même.
C'est son cœur qu'il doit craindre, et je veux au-
jourd'hui

L'attaquer, le combattre et le vaincre par lui.
Elle dit ; et soudain des rives de la Seine,
Sur un char teint de sang, attelé par la Haine,
Dans un nuage épais qui fait pâlir le jour,
Des folâtres Plaisirs elle gagne la cour.

CHANT IX.

SOMMAIRE.

Description du séjour des plaisirs. La Discorde implore leur secours pour amollir le courage de Henri IV. Ils volent tous à sa suite, et parviennent à plonger le Héros dans l'oisiveté. Mornay l'arrache à la mollesse, et le Roi retourne à son armée.

Sur les bords fortunés de l'antique Idalie,
Lieux où finit l'Europe et commence l'Asie,
S'élève un vieux palais respecté par les temps :
La nature en posa les premiers fondements ;
Et l'art, ornant depuis sa simple architecture,
Par ses travaux hardis surpassa la nature.
Là, tous les champs voisins, peuplés de myrtes verts,
N'ont jamais ressenti l'outrage des hivers.
Partout on voit mûrir, partout on voit éclore
Et les fruits de Pomone, et les présents de Flore;
Et la terre n'attend, pour donner ses moissons,
les vœux des humains, ni l'ordre des saisons.
L'homme y semble goûter, dans une paix profonde
Tout ce que la nature, aux premiers jours du monde,
De sa main bienfaisante accordait aux humains,
Un éternel repos, des jours purs et sereins,

Les douceurs, les plaisirs que promet l'abondance,
Les biens du premier âge, hors la seule innocence.
On entend pour tout bruit des concerts enchanteurs
Dont la molle harmonie inspire les langueurs.
De ce Temple fameux telle est l'aimable entrée ;
Mais lorsqu'en s'avançant sous la voûte sacrée,
On porte au sanctuaire un pas audacieux,
Quel spectacle funeste épouvante les yeux !
Ce n'est plus des Plaisirs la troupe aimable et tendre,
Leurs concerts enchanteurs ne s'y font plus entendre;
Les Plaintes, les Dégoûts, l'Imprudence, la Peur,
Font de ce beau séjour un séjour plein d'horreur.
La sombre Jalousie, au teint pâle et livide,
Suit d'un pied chancelant le soupçon qui la guide;
La Haine et le Courroux, répandant leur venin,
Marchent devant ses pas, un poignard à la main.
La Malice les voit, et d'un souris perfide
Applaudit en passant à leur troupe homicide;
Le Repentir les suit, détestant leurs fureurs;
Et baisse en soupirant ses yeux mouillés de pleurs.
C'est là, c'est au milieu de cette cour affreuse,
Des plaisirs des humains compagne malheureuse,
Que l'Amour a choisi son séjour éternel.
Ce dangereux enfant, si tendre et si cruel,
Porte en sa faible main les destins de la terre,
Donne, avec un souris, ou la paix ou la guerre,
Et répandant partout ses trompeuses douceurs,
De ses mortels poisons infecte mille cœurs.
Sur un trône éclatant, contemplant ses conquêtes,
Il foulait à ses pieds les plus superbes têtes;
Fier de ses cruautés plus que de ses bienfaits,

Il semblait s'applaudir des maux qu'il avait faits.
La Discorde soudain, conduite par la rage,
Ecarte les Plaisirs, s'ouvre un libre passage,
Secouant dans ses mains ses flambeaux allumés,
Le front couvert de sang, et les yeux enflammés :
Mon frère, lui dit-elle, où sont tes traits terribles?
Pour qui réserves-tu tes flèches invincibles?
Ah! si de la Discorde allumant le tison,
Jamais à tes fureurs tu mêlas mon poison;
Si tant de fois pour toi j'ai troublé la nature,
Viens, vole sur mes pas, viens venger mon injure.
Un Roi victorieux écrase mes serpents,
Ses mains joignent l'olive aux lauriers triomphants;
La Clémence avec lui marchant d'un pas tranquille,
Au sein tumultueux de la guerre civile,
Va sous ses étendards, flottants de tous côtés,
Réunir tous les cœurs par moi seul écartés.
Encore une victoire, et mon trône est en poudre.
Aux remparts de Paris Henri porte la foudre.
Ce Héros va combattre, et vaincre et pardonner;
De cent chaînes d'airain son bras va m'enchaîner.
C'est à toi d'arrêter ce torrent dans sa course.
Va de tant de hauts faits empoisonner la source.
Que sous ton joug aimable il gémisse abattu;
Va dompter son courage au sein de la vertu.
C'est toi, tu t'en souviens, toi dont la main fatale
Fit tomber sans effort Hercule aux pieds d'Omphale.
Ne vit-on pas Antoine amolli dans tes fers,
Abandonnant pour toi les soins de l'univers,
Fuyant devant Auguste, et te suivant sur l'onde,
Préférer Cléopâtre à l'empire du monde?

Henri te reste à vaincre après tant de guerriers;
Dans ses superbes mains va flétrir ses lauriers;
Va de myrte et de fleurs ceindre sa tête altière;
Endors entre tes bras son audace guerrière.
A mon trône ébranlé cours servir de soutien.
Viens, ma cause est la tienne et ton règne est le mien.
Ainsi parlait ce monstre, et la voûte tremblante
Répétait les accents de sa voix effrayante.
L'Amour qui l'écoutait, couché parmi des fleurs,
D'un souris fier et doux répond à ses fureurs.
Il s'arme cependant de ses flèches dorées;
Il fend des vastes Cieux les voûtes azurées;
Et précédé des Jeux, des Grâces, des Plaisirs,
Il vole aux champs Français sur l'aile des Zéphyrs.
Dans sa course, d'abord il découvre avec joie
Le faible Simoïs et les champs où fut Troie.
Il rit en contemplant, dans ces lieux renommés,
La cendre des palais par ses mains consumés.
Il aperçoit de loin ces murs bâtis sur l'onde,
Ces remparts orgueilleux, ce prodige du monde,
Venise, dont Neptune admire le destin,
Et qui commande aux flots renfermés dans son sein.
Il descend, il s'arrête aux champs de la Sicile
Où lui-même inspira Théocrite et Virgile,
Où l'on dit qu'autrefois par des chemins nouveaux,
Du merveilleux Alphée il conduisit les eaux.
Bientôt quittant les bords de l'aimable Aréthuse,
Dans les champs de Provence il vole vers Vaucluse,
Asile encor plus doux où dans ses jeunes ans,
Pétrarque soupira ses langoureux accents.
Il voit les murs d'Anet bâtis aux bords de l'Eure.

Lui-même en ordonna la superbe structure.
Par ses adroites mains avec art enlacés,
Les chiffres de Diane y sont encor tracés:
Sur sa tombe en passant les Plaisirs et les Grâces
Répandirent les fleurs qui naissaient sur leurs traces.
Aux campagnes d'Ivry l'Amour arrive enfin.
Le Roi près d'en partir pour un plus grand dessein,
Mêlant à ses plaisirs l'image de la guerre,
Laissait pour un moment reposer son tonnerre.
Mille jeunes guerriers à travers les guérêts,
Poursuivaient avec lui les hôtes des forêts.
Le Dieu sent à sa vue une joie inhumaine;
Il aiguise ses traits, il prépare sa chaîne:
Il agite les airs que lui-même a calmés;
Il parle, on voit soudain les éléments armés.
D'un bout du Monde à l'autre appelant les orages,
Sa voix commande aux vents d'assembler les nuages,
De verser ces torrents suspendus dans les airs,
Et d'apporter la nuit, la foudre et les éclairs.
Déjà les Aquilons, à ses ordres fidèles,
Dans les cieux obscurcis ont déployé leurs ailes:
La plus affreuse nuit succède au plus beau jour;
La Nature en gémit, et reconnaît l'Amour.
Dans les sillons fangeux de la campagne humide,
Le Roi marche incertain, sans escorte et sans guide:
Le Dieu dans ce moment allumant son flambeau,
Fait briller devant lui ce prodige nouveau.
Abandonné des siens, le Roi, dans ces bois sombres,
Suit cet astre ennemi brillant parmi les ombres:
Comme on voit quelquefois les voyageurs troublés
Suivre ces feux ardents de la terre exhalés,

Ces feux dont la vapeur maligne et passagère
Conduit au précipice à l'instant qu'elle éclaire.
Depuis peu la fortune en ces tristes climats
D'une illustre mortelle avait conduit les pas.
Dans le fond d'un château, tranquille et solitaire,
Loin du bruit des combats elle attendait son père,
Qui, fidèle à ses rois, vieilli dans les hasards,
Avait du grand Henri suivi les étendards.
D'Estrée était son nom; la main de la nature
De ses aimables dons la combla sans mesure.
Telle ne brillait point aux bords de l'Eurotas
La coupable beauté qui trahit Ménélas.
Le Dieu, qui cependant s'apprête à la surprendre,
Sous un nom supposé vient près d'elle se rendre;
Il paraît sans flambeau, sans flèches, sans carquois,
Il prend d'un simple enfant la figure et la voix.
On a vu, lui dit-il, sur la rive prochaine,
S'avancer vers ces lieux le vainqueur de Mayenne.
Il glissait dans son cœur en lui disant ces mots,
Un désir inconnu de plaire à ce Héros.
Il fait plus (à ce Dieu tout miracle est possible);
Il enchante ces lieux par un charme invincible.
Des myrtes enlacés, que d'un prodigue sein
La terre obéissante a fait naître soudain,
Dans les lieux d'alentour étendent leur feuillage;
A peine a-t-on passé sous leur fatal ombrage,
Par des liens secrets on se sent arrêter;
On s'y plaît, on s'y trouble, on ne peut les quitter.
Quelque temps de Henri la valeur immortelle
Vers ses drapeaux vainqueurs en secret le rappelle:
Une invisible main le retient malgré lui.

Dans sa vertu première il cherche un vain appui.
Sa vertu l'abandonne, et son âme enivrée
Au poison séducteur tout entière est livrée.
Loin de lui cependant tous ses chefs étonnés
Se demandent leur Prince et restent consternés.
Ils tremblaient pour ses jours : aucun d'eux n'eût pu croire
Qu'on eût dans ce moment dû craindre pour sa gloire:
On le cherchait en vain; ses soldats abattus,
Ne marchant plus sous lui, semblaient déjà vaincus.
Mais le génie heureux qui préside à la France,
Ne souffrit pas long-temps sa dangereuse absence.
Il descendit des Cieux à la voix de Louis,
Et vint d'un vol rapide au secours de son fils.
Il s'adresse à Mornay, ce Philosophe austère.
Mornay sut l'art discret de reprendre et de plaire:
Son exemple instruisait bien mieux que ses discours;
Les solides vertus furent ses seuls amours;
Avide de travaux, insensible aux délices,
Il marchait d'un pas ferme au bord des précipices;
Jamais l'air de la cour, et son souffle infecté
N'altéra de son cœur l'austère pureté.
Belle Aréthuse, ainsi ton onde fortunée
Roule au sein furieux d'Amphitrite étonnée
Un cristal toujours pur, et des flots toujours clairs,
Que jamais ne corrompt l'amertume des mers.
Le généreux Mornay, conduit par la Sagesse,
Part, et vole en ces lieux où la douce Mollesse
Retenait dans ses bras le vainqueur des humains,
Et de la France en lui maîtrisait les destins.

L'enfant traître et pervers, riant de sa victoire,
Le rendait plus heureux, pour mieux flétrir sa gloire.
Les plaisirs, qui souvent ont des termes si courts,
Partageaient ses moments et remplissaient ses jours.
Bientôt le Dieu jaloux découvre avec colère
A côté de Mornay la Sagesse sévère;
Il veut sur ce guerrier lancer un trait vengeur,
Il croit charmer ses sens, il croit blesser son cœur:
Mais Mornay méprisait sa colère et ses charmes:
Tous ses traits impuissants s'émoussaient sur ses armes.
Il attend qu'en secret le Roi s'offre à ses yeux,
Et d'un œil irrité contemple ces beaux lieux.
Au fond de ces jardins, au bord d'une onde pure,
Il voit le guerrier seul, couché sur la verdure.
Les folâtres plaisirs, dans le sein du repos,
De leurs bras enfantins désarmaient le Héros:
L'un tenait sa cuirasse encor de sang trempée;
L'autre avait détaché sa redoutable épée,
Et riait en tenant dans ses débiles mains
Ce fer, l'appui du trône, et l'effroi des humains.
La discorde de loin insulte à sa faiblesse,
Elle exprime en grondant sa barbare allégresse.
Sa fière activité ménage ces instants;
Elle court de la Ligue irriter les serpents.
Et tandis que Bourbon se repose et sommeille,
De tous ses ennemis la rage se réveille.
Enfin dans ces jardins, où sa vertu languit,
Il voit Mornay paraître; il le voit et rougit.
L'un de l'autre en secret ils craignaient la présence.
Le sage en l'abordant garde un morne silence;

Mais ce silence même, et ses regards baissés,
Se font entendre au Prince et s'expliquent assez.
Sur ce visage austère, où régnait la tristesse,
Henri lut aisément sa honte et sa faiblesse.
Rarement de sa faute on aime le témoin.
Tout autre eût de Mornay mal reconnu le soin.
Cher ami, dit le Roi, ne crains point ma colère;
Qui m'apprend mon devoir est trop sûr de me plaire.
Viens, le cœur de ton Prince est digne encor de toi,
Je t'ai vu, c'en est fait, et tu me rends à moi:
Je reprends ma vertu que ces jours m'ont ravie:
De ce honteux repos fuyons l'ignominie:
Fuyons ce lieu funeste, où mon cœur mutiné
Aime encor les liens dont il fut enchaîné:
Me vaincre est désormais ma plus belle victoire.
Partons, bravons l'Amour dans les bras de la gloire,
Et bientôt vers Paris répandant la terreur,
Dans le sang espagnol effaçons mon erreur.
  A ces mots généreux, Mornay connut son maître;
C'est vous, s'écria-t-il, que je revois paraître,
Vous de la France entière auguste défenseur,
Vous, vainqueur de vous-même, et roi de votre cœur;
L'Amour à votre gloire ajoute un nouveau lustre:
Qui l'ignore est heureux, qui le dompte est illustre.
  Il dit: le Roi s'apprête à partir de ces lieux.
Quelle douleur, ô Ciel! attendrit ses adieux!
Mornay toujours sévère, et toujours inflexible
Entraînait cependant son maître trop sensible.
La force et la vertu leur montrent le chemin,
La gloire les conduit les lauriers à la main;
Et l'Amour indigné, que le devoir surmonte,
Va cacher loin d'Anet sa colère et sa honte,

CHANT X.

SOMMAIRE.

Retour du Roi à son Armée. Il recommence le siége. Combat singulier du Vicomte de Turenne et du Chevalier d'Aumale. Famine horrible qui désole la Ville. Le Roi nourrit lui-même les habitants qu'il assiége. Le Ciel récompense enfin ses vertus. La Vérité vient l'éclairer. Paris lui ouvre ses portes, et la guerre est finie.

Ces moments dangereux, perdus dans la mollesse,
Avaient fait aux vaincus oublier leur faiblesse.
A de nouveaux exploits Mayenne est préparé;
D'un espoir renaissant le peuple est enivré.
Leur espoir les trompait; Bourbon que rien n'arrête,
Accourt impatient d'achever sa conquête.
Paris épouvanté revit ses étendards;
Le Héros reparut aux pieds de ses remparts,
De ces mêmes remparts, où fume encor sa foudre,
Et qu'à réduire en cendre il ne put se résoudre;
Quand l'Ange de la France, appaisant son courroux,
Retint son bras vainqueur, et suspendit ses coups.

Déjà le camp du Roi jette des cris de joie ;
D'un œil d'impatience il dévorait sa proie.
Les Ligueurs cependant d'un juste effroi troublés,
Près du prudent Mayenne étaient tous rassemblés.
Là, d'Aumale, ennemi de tout conseil timide,
Leur tenait fièrement ce langage intrépide :
Nous n'avons point encore appris à nous cacher ;
L'ennemi vient à nous, c'est là qu'il faut marcher ;
C'est là qu'il faut porter une fureur heureuse :
Je connais des Français la fougue impétueuse ;
L'ombre de leurs remparts affaiblit leur vertu.
Le Français qu'on attaque est à demi-vaincu ;
Souvent le désespoir a gagné des batailles :
J'attends tout de nous seuls et rien de nos murailles.
Héros qui m'écoutez, volez aux champs de Mars ;
Peuples qui nous suivez, vos chefs sont vos remparts.

Il se tut à ces mots ; les Ligueurs en silence
Semblaient de son audace accuser l'imprudence.
Il en rougit de honte, et dans leurs yeux confus
Il lut en frémissant leur crainte et leur refus.
Eh bien ! poursuivit-il, si vous n'osez me suivre,
Français, à cet affront je ne veux point survivre.
Vous craignez les dangers ; seul je m'y vais offrir,
Et vous apprendre à vaincre, ou du moins à mourir.

De Paris à l'instant il fait ouvrir la porte ;
Du peuple qui l'entoure il éloigne l'escorte ;
Il s'avance : un héraut, ministre des combats,
Jusqu'aux tentes du Roi marche devant ses pas,
Et crie à haute voix : Quiconque aime la gloire,
Qu'il dispute en ces lieux l'honneur de la victoire :

D'Aumale vous attend : ennemis, paraissez.
Tous les chefs, à ces mots, d'un beau zèle poussés
Voulaient contre d'Aumale essayer leur courage :
Tous briguaient près du Roi cet illustre avantage ;
Tous avaient mérité ce prix de la valeur ;
Mais le vaillant Turenne emporta cet honneur.
Le Roi mit dans ses mains la gloire de la France.
Va, dit-il, d'un superbe abaisser l'insolence,
Combats pour ton pays, pour ton prince et pour toi,
Et reçois en partant les armes de ton Roi.
Le Héros, à ces mots, lui donne son épée.
Votre attente, ô grand Roi, ne sera point trompée,
Lui répondit Turenne, embrassant ses genoux :
J'en atteste ce fer, et j'en jure par vous.
Il dit ; le Roi l'embrasse, et Turenne s'élance
Vers l'endroit où d'Aumale, avec impatience,
Attendait qu'à ses yeux un combattant parût.
Le peuple de Paris aux remparts accourut.
Les soldats de Henri près de lui se rangèrent :
Sur les deux combattants tous les yeux s'attachèrent ;
Chacun dans l'un des deux voyant son défenseur,
Du geste et de la voix excitait sa valeur.
Cependant sur Paris s'élevait un nuage,
Qui semblait apporter le tonnerre et l'orage ;
Ses flancs noirs et brûlants, tout-à-coup entr'ouverts,
Vomissent dans ces lieux les monstres des Enfers,
Le Fanatisme affreux, la Discorde farouche,
La sombre Politique, au cœur faux, à l'œil louche,
Le Démon des combats respirant les fureurs,
Dieux enivrés de sang ; Dieux dignes des Ligueurs :

Aux remparts de la ville ils fondent, ils s'arrêtent,
En faveur de d'Aumale au combat ils s'apprêtent.
Voilà qu'au même instant, du haut des Cieux ouverts,
Un Ange est descendu sur le trône des airs,
Couronné de rayons, nageant dans la lumière,
Sur des ailes de feu parcourant sa carrière,
Et laissant loin de lui l'occident éclairé
Des sillons lumineux dont il est entouré.
Il tenait d'une main cette olive sacrée,
Présage consolant d'une paix desirée:
Dans l'autre étincelait ce fer d'un Dieu vengeur,
Ce glaive dont s'arma l'Ange exterminateur,
Quand jadis l'Eternel à la mort dévorante
Livra les premiers-nés d'une race insolente.
A l'aspect de ce glaive, interdits, désarmés,
Les monstres infernaux semblent inanimés;
La Terreur les enchaîne, un pouvoir invincible
Fait tomber tous les traits de leur troupe inflexible.
Ainsi de son autel teint du sang des humains
Tomba ce fier Dagon, ce Dieu des Philistins,
Lorsque du DIEU des Dieux en son temple apportée
A ses yeux éblouis l'Arche fut présentée.
  Paris, le Roi, l'Armée, et l'Enfer, et les Cieux,
Sur ce combat illustre avaient fixé les yeux.
Bientôt les deux guerriers entrent dans la carrière.
Henri du champ d'honneur leur ouvre la barrière.
Leur bras n'est point chargé du poids d'un bouclier;
Ils ne se cachent point sous ces bustes d'acier;
Des anciens chevaliers ornement honorable,
Eclatant à la vue, aux coups impénétrable;

Ils négligent tous deux cet appareil qui rend
Et le combat plus long, et le danger moins grand.
Leur arme est une épée; et sans autre défense,
Exposé tout entier, l'un et l'autre s'avance.
O Dieu! cria Turenne, arbitre de mon Roi,
Descends, juge sa cause, et combats avec moi;
Le courage n'est rien sans ta main protectrice;
J'attends peu de moi-même, et tout de ta justice.
D'Aumale répondit: j'attends tout de mon bras;
C'est de nous que dépend le destin des combats;
En vain l'homme timide implore un Dieu suprême,
Tranquille au haut du Ciel il me laisse à moi-même;
Le parti le plus juste est celui du vainqueur,
Et le dieu de la guerre est la seule valeur.
Il dit, et d'un regard enflammé d'arrogance
Il voit de son rival la modeste assurance.
  Mais la trompette sonne. Ils s'élancent tous deux;
Ils commencent enfin ce combat dangereux.
Tout ce qu'ont pu jamais la valeur et l'adresse,
L'ardeur, la fermeté, la force, la souplesse,
Parut des deux côtés en ce choc éclatant.
Cent coups étaient portés et parés à l'instant,
Tantôt avec fureur l'un d'eux se précipite;
L'autre d'un pas léger se détourne et l'évite:
Tantôt plus rapprochés ils semblent se saisir;
Leur péril renaissant donne un affreux plaisir:
On se plait à les voir s'observer et se craindre,
Avancer, s'arrêter, se mesurer, s'atteindre:
Le fer étincelant avec art détourné,
Par de feints mouvements trompe l'œil étonné;
Telle on voit du Soleil la lumière éclatante

Briser ses traits de feu dans l'onde transparente ;
Et se rompant encor par des chemins divers,
De ce crystal mouvant repasser dans les airs.
Le spectateur surpris, et ne pouvant le croire,
Voyait à tout moment leur chute et leur victoire.
D'Aumale est plus ardent, plus fort, plus furieux;
Turenne est plus adroit, et moins impétueux :
Maître de tous ses sens, animé sans colère,
Il fatigue à loisir son terrible adversaire.
D'Aumale en vains efforts épuise sa vigueur :
Bientôt son bras lassé ne sert plus sa valeur.
Turenne qui l'observe aperçoit sa faiblesse,
Il se ranime alors, il le pousse, il le presse.
Enfin d'un coup mortel il lui perce le flanc,
D'Aumale est renversé dans les flots de son sang.
Il tombe, et de l'Enfer tous les monstres frémirent,
Ces lugubres accents dans les airs s'entendirent :
« De la ligue à jamais le trône est renversé ;
» Tu l'emportes, Bourbon ; notre règne est passé. »
Tout le peuple y répond par un cri lamentable.
D'Aumale sans vigueur, étendu sur le sable,
Menace encor Turenne, et le menace en vain :
Sa redoutable épée échappe de sa main.
Il veut parler, sa voix expire dans sa bouche ;
L'horreur d'être vaincu rend son air plus faro...
Il se lève, il retombe, il ouvre un œil mourant,
Il regarde Paris et meurt en soupirant.
Tu le vis expirer, infortuné Mayenne ;
Tu le vis, tu frémis, et ta chute prochaine
Dans ce moment affreux s'offrit à tes esprits.
Cependant des soldats dans les murs de Paris

Rapportaient à pas lents le malheureux d'Aumale.
Ce spectacle sanglant, cette pompe fatale,
Entre au milieu d'un peuple interdit, égaré :
Chacun voit en tremblant ce corps défiguré,
Ce front souillé de sang, cette bouche entr'ouverte,
Cette tête penchée, et de poudre couverte,
Ces yeux où le trépas étale ses horreurs.
On n'entend point de cris, on ne voit point de pleurs:
La honte, la pitié, l'abattement, la crainte,
Etouffent leurs sanglots, et retiennent leur plainte.
Tout se tait, et tout tremble : un bruit rempli d'horreur
Bientôt de ce silence augmente la terreur;
Les cris des assiégeants jusqu'au Ciel s'élevèrent,
Les chefs et les soldats près du roi s'assemblèrent.
Ils demandent l'assaut : mais l'auguste Louis,
Protecteur des Français, protecteur de son fils,
Modérait de Henri le courage terrible.
Ainsi des éléments le moteur invisible
Contient les aquilons suspendus dans les airs,
Et pose la barrière où se brisent les mers;
Il fonde les cités, les disperse en ruines,
Et les cœurs des humains sont dans ses mains divines.
Henri, de qui le Ciel a réprimé l'ardeur,
Des guerriers qu'il gouverne enchaîne la fureur.
Il sentit qu'il aimait son ingrate patrie,
Il voulut la sauver de sa propre furie.
Haï de ses sujets, prompt à les épargner,
Eux seuls voulaient se perdre, il les voulut gagner.
Heureux si sa bonté, prévenant leur audace,
Forçait ces malheureux à lui demander grâce !

Pouvant les emporter, il les fait investir.
Il laisse à leurs fureurs le temps du repentir.
Il crut que sans assauts, sans combats, sans alarmes,
La disette et la faim, plus fortes que ses armes,
Lui livreraient sans peine un peuple inanimé,
Nourri dans l'abondance, au luxe accoutumé ;
Qui vaincu par ses maux, souple dans l'indigence,
Viendrait à ses genoux implorer sa clémence.
Mais le faux zèle, hélas ! qui ne saurait céder,
Enseigne à tout souffrir, comme à tout hasarder.

Les mutins qu'épargnait cette main vengeresse,
Prenaient d'un Roi clément la vertu pour faiblesse ;
Et fiers de ses bontés, oubliant sa valeur,
Ils défiaient leur maître, ils bravaient leur vainqueur,
Ils osaient insulter à sa vengeance oisive.

Mais lorsqu'enfin les eaux de la Seine captive
Cessèrent d'apporter dans ce vaste séjour
L'ordinaire tribut des moissons d'alentour ;
Quand on vit dans Paris la faim pâle et cruelle,
Montrant déjà la mort, qui marchait après elle,
Alors on entendit des hurlements affreux.
Ce superbe Paris fut plein de malheureux,
De qui la main tremblante, et la voix affaiblie,
Demandaient vainement le soutien de leur vie.
Bientôt le riche même, après de vains efforts,
Eprouva la famine au milieu des trésors.
Ce n'étaient plus ces jeux, ces festins et ces fêtes,
Où de myrte et de rose ils couronnaient leurs têtes,
Où, parmi des plaisirs toujours trop peu goûtés,
Les vins les plus parfaits, les mets les plus vantés,
Sous des lambris dorés qu'habite la mollesse,

De leur goût dédaigneux irritaient la paresse.
On vit avec effroi tous ces voluptueux,
Pâles, défigurés, et la mort dans les yeux,
Périssant de misère au sein de l'opulence,
Détester de leurs biens l'inutile abondance.
Le vieillard, dont la faim va terminer les jours,
Voit son fils au berceau, qui périt sans secours.
Ici meurt dans la rage une famille entière.
Plus loin, des malheureux couchés sur la poussière
Se disputaient encore, à leurs derniers moments,
Les restes odieux des plus vils aliments.
Ces spectres affamés, outrageant la nature,
Vont au sein des tombeaux chercher leur nourriture.
Des morts épouvantés les ossements poudreux,
Ainsi qu'un pur froment, sont préparés par eux.
Que n'osent point tenter les extrêmes misères!
On les vit se nourrir des cendres de leurs pères.
Ce détestable mets avança leur trépas,
Et ce repas pour eux fut le dernier repas.
Mais leurs chefs animés d'un zèle fanatique,
Leur vantaient des martyrs le courage héroïque,
Montraient Paris sauvé par des secours nombreux,
Et la manne du Ciel prête à tomber pour eux.
Hélas! ces vains appâts, ces promesses stériles,
Charmaient ces malheureux à tromper trop faciles.
Par des prêtres séduits, par les Seize effrayés,
Soumis, presque contents, ils mouraient à leurs pieds;
Trop heureux, en effet, d'abandonner la vie!
D'un ramas d'étrangers la ville était remplie;
Tigres que nos aïeux nourrissaient dans leur sein,

Plus cruels que la mort, et la guerre et la faim.
De ces nouveaux tyrans les avides cohortes
Assiégent les maisons, en enfoncent les portes,
Aux hôtes effrayés présentent mille morts,
Non pour leur arracher d'inutiles trésors,
Non pour aller ravir d'une main adultère,
Une fille éplorée à sa tremblante mère;
De la cruelle faim le besoin consumant
Fait expirer en eux tout autre sentiment:
Et d'un peu d'aliments la découverte heureuse
Etait l'unique but de leur recherche affreuse.
Il n'est point de tourment, de supplice et d'horreur,
Que pour en découvrir, n'inventât leur fureur.
Une femme (grand Dieu! faut-il à la mémoire
Conserver le récit de cette horrible histoire!)
Une femme avait vu, par ces cœurs inhumains,
Un reste d'aliments arraché de ses mains.
Des biens que lui ravit la Fortune cruelle,
Un enfant lui restait, près de périr comme elle:
Furieuse, elle approche, avec un coutelas,
De ce fils innocent qui lui tendait les bras;
Son enfance, sa voix, sa misère et ses charmes,
A sa mère en fureur arrachent mille larmes:
Elle tourne sur lui son visage effrayé,
Plein d'amour, de regret, de rage, de pitié;
Trois fois le fer échappe à sa main défaillante.
La rage enfin l'emporte, et d'une voix tremblante
Détestant son hymen et sa fécondité:
Cher et malheureux fils que mes flancs ont porté,
Dit-elle, c'est en vain que tu reçus la vie:
Les tyrans, ou la faim l'auraient bientôt ravie,

Et pourquoi vivrais-tu ! Pour aller dans Paris,
Errant et malheureux, pleurer sur ses débris ?
Meurs avant de sentir mes maux et ta misère ;
Rends-moi le jour, le sang que t'a donné ta mère,
Que mon sein malheureux te serve de tombeau,
Et que Paris du moins voie un crime nouveau.
En achevant ces mots, furieuse, égarée,
Dans les flancs de son fils sa main désespérée
Enfonce, en frémissant, le parricide acier ;
Porte le corps sanglant auprès de son foyer,
Et d'un bras que poussait sa faim impitoyable,
Prépare avidement ce repas effroyable.

Attirés par la faim, les farouches soldats
Dans ces coupables lieux reviennent sur leurs pas :
Leur transport est semblable à la cruelle joie
Des ours et des lions qui fondent sur leur proie ;
A l'envi l'un de l'autre ils courent en fureur,
Ils enfoncent la porte. O surprise ! ô terreur !
Près d'un corps tout sanglant à leurs yeux se présente
Une femme égarée, et de sang dégouttante.
Oui, c'est mon propre fils, oui, monstres inhumains,
C'est vous qui dans son sang avez trempé mes mains,
Que la mère et le fils vous servent de pâture :
Craignez-vous plus que moi d'outrager la nature ?
Quelle horreur à mes yeux semble vous glacer tous ?
Tigres, de tels festins sont préparés pour vous.
Ce discours insensé, que sa rage prononce,
Est suivi d'un poignard qu'en son cœur elle enfonce.
De crainte, à ce spectacle, et d'horreur agités,
Ces monstres confondus courent épouvantés :

Ils n'osent regarder cette maison funeste;
Ils pensent voir sur eux tomber le feu céleste;
Et le peuple effrayé de l'horreur de son sort,
Levait les mains au Ciel, et demandait la mort.
Jusqu'aux tentes du Roi mille bruits en courent;
Son cœur en fut touché, ses entrailles s'émurent:
Sur ce peuple infidèle il répandit des pleurs:
O Dieu, s'écria-t-il, Dieu qui lis dans les cœurs,
Qui vois ce que je puis, qui connais ce que j'ose,
Des Ligueurs et de moi tu sépares la cause.
Je puis lever vers toi mes innocentes mains;
Tu le sais, je tendais les bras à ces mutins;
Tu ne m'imputes point leurs malheurs et leurs crimes.
Que Mayenne à son gré s'immole ces victimes;
Qu'il impute, s'il veut, des désastres si grands
A la nécessité, l'excuse des tyrans:
De mes sujets séduits qu'il comble la misère;
Il en est l'ennemi, j'en dois être le père.
Je le suis, c'est à moi de nourrir mes enfants
Et d'arracher mon peuple à ces loups dévorants:
Dût-il de mes bienfaits s'armer contre moi-même,
Dussé-je, en le sauvant, perdre mon diadème,
Qu'il vive, je le veux, il n'importe à quel prix;
Sauvons-le malgré lui de ses vrais ennemis;
Et si trop de pitié me coûte mon empire,
Que du moins sur ma tombe un jour on puisse lire:
« Henri, de ses sujets ennemi généreux,
» Aima mieux les sauver que de régner sur eux. »
Il dit, et dans l'instant il veut que son armée

Approche sans éclat de la ville affamée,
Qu'on porte aux citoyens des paroles de paix ;
Et qu'au lieu de vengeance on parle de bienfaits.
A cet ordre divin ses troupes obéissent.
Les murs en ce moment de peuple se remplissent :
On voit sur les remparts avancer à pas lents,
Ces corps inanimés, livides et tremblants ;
Tels qu'on feignait jadis que des royaumes sombres
Les Mages à leur gré faisaient sortir les ombres,
Quand leur voix, du Cocyte arrêtant les torrents,
Appelait les enfers et les mânes errants.
Quel est de ces mourants l'étonnement extrême !
Leur cruel ennemi vient les nourrir lui-même.
Tourmentés, déchirés par leurs fiers défenseurs,
Ils trouvent la pitié dans leurs persécuteurs.
Tous ces événements leur semblaient incroyables.
Ils voyaient devant eux ces piques formidables,
Ces traits, ces instruments des cruautés du Sort,
Ces lances qui toujours avaient porté la mort,
Secondant de Henri la généreuse envie,
Au bout d'un fer sanglant leur apporter la vie.
Sont-ce là, disaient-ils, ces monstres si cruels?
Est-ce là ce Tyran si terrible aux mortels;
Cet ennemi de Dieu, qu'on peint si plein de rage?
Hélas ! du Dieu vivant c'est la brillante image;
C'est un Roi bienfaisant, le modèle des rois;
Nous ne méritons pas de vivre sous ses lois.
Il triomphe, il pardonne, il chérit qui l'offense.
Puisse tout notre sang cimenter sa puissance !
Trop dignes du trépas dont il nous a sauvés,
Consacrons-lui ces jours, qu'il nous a conservés.

De leurs cœurs attendris tel était le langage :
Mais qui peut s'assurer sur un peuple volage,
Dont la faible amitié s'exhale en vains discours,
Qui quelquefois s'élève et retombe toujours ?
Les Seize et les docteurs dont cent fois l'éloquence
Ralluma tous ces feux qui consumaient la France,
Vont se montrer partout à ce peuple abattu :
Combattants sans courage, et Chrétiens sans vertu,
A quel indigne appât vous laissez-vous séduire ?
Ne connaissez-vous plus les palmes du martyre ?
Soldats du Dieu vivant, voulez-vous aujourd'hui
Vivre pour l'outrager, pouvant mourir pour lui ?
Quand Dieu du haut des Cieux nous montre la couronne,
Chrétiens, n'attendons pas qu'un tyran nous pardonne.
Dans sa coupable secte il veut nous réunir :
De ses propres bienfaits songeons à le punir.
Sauvons nos temples saints des flammes hérétiques,
La France ne connaît que des rois Catholiques.
Qu'il abjure l'erreur, qu'il embrasse la Foi :
Nous nous rendons à lui, Bourbon est notre Roi!
A ces mots quelques-uns, reprenant leur furie,
S'accusaient en secret de lui devoir la vie.
A travers ces clameurs et ces cris odieux,
La vertu de Henri pénétra dans les Cieux.
Louis, qui du plus haut de la voûte divine
Veille sur les Bourbons, dont il est l'origine,
Connut qu'enfin les temps allaient être accomplis,
Et que le Roi des rois adopterait son fils.
Aussitôt de son cœur il chassa les alarmes,

La Foi vint essuyer ses yeux mouillés de larmes ;
Et la douce espérance, et l'amour paternel,
Conduisirent ses pas aux pieds de l'Eternel.
Au milieu des clartés du feu pur et durable,
Dieu mit avant les temps son trône inébranlable.
Le Ciel est sous ses pieds ; de mille astres divers
Le cours toujours réglé l'annonce à l'univers.
La puissance, l'amour, avec l'intelligence,
Unis et divisés composent son essence.
Ses saints dans les douceurs d'une éternelle paix,
D'un torrent de plaisirs enivrés à jamais,
Pénétrés de sa gloire, et remplis de lui-même,
Adorent à l'envi sa majesté suprême.
Devant lui sont ces dieux, ces brûlants Séraphins,
A qui de l'univers il commet les destins.
Il parle ; et de la terre ils vont changer la face ;
Des puissances du siècle il retranche la race,
Tandis que les humains, vils jouets de l'erreur,
Des conseils éternels accusent la hauteur.
Ce sont eux dont la main frappant Rome asservie,
Aux fiers enfants du Nord a livré l'Italie,
L'Espagne aux Africains, Solime aux Ottomans.
Tout empire est tombé, tout peuple eut ses tyrans :
Mais cette impénétrable et juste Providence
Ne laisse pas toujours prospérer l'insolence ;
Quelquefois sa bonté, favorable aux humains,
Met le sceptre des rois dans d'innocentes mains.
Le père des Bourbons à ses yeux se présente,
Et lui parle en ces mots d'une voix gémissante :
Père de l'univers, si tes yeux quelquefois
Honorent d'un regard les peuples et les rois,

Vois le peuple Français à son Prince rebelle ;
S'il viole tes lois ; c'est pour t'être fidèle.
Aveuglé par son zèle il te désobéit,
Et pense te venger alors qu'il te trahit.
Vois ce Roi triomphant, ce foudre de la guerre,
L'exemple, la terreur, et l'amour de la terre ;
Avec tant de vertus, n'as-tu formé son cœur
Que pour l'abandonner aux piéges de l'erreur ?
Faut-il que de tes mains le plus parfait ouvrage
A son Dieu qu'il adore offre un coupable hommage?
Ah ! si du grand Henri ton culte est ignoré,
Par qui le Roi des rois veut-il être adoré ?
Daigne éclairer ce cœur, créé pour te connaître :
Donne à l'Église un fils, donne à la France un Maître.
Des Ligueurs obstinés confonds les vains projets,
Rends les sujets au prince, et le prince aux sujets :
Que tous les cœurs unis adorent ta justice,
Et t'offrent dans Paris le même sacrifice.
L'Éternel à ses vœux se laissa pénétrer ;
Par un mot de sa bouche il daigna l'assurer.
A sa divine voix les astres s'ébranlèrent ;
La terre en tressaillit, les Ligueurs en tremblèrent.
Le Roi, qui dans le Ciel avait mis son appui,
Sentit que le Très-Haut s'intéressait pour lui.
Soudain la Vérité, si long-temps attendue,
Toujours chère aux humains mais souvent inconnue,
Dans les tentes du Roi descend du haut des Cieux.
D'abord un voile épais la cache à tous les yeux :
De moment en moment, les ombres qui la couvrent,
Cèdent à la clarté des feux qui les entr'ouvrent :

Bientôt elle se montre à ses yeux satisfaits,
Brillante d'un éclat qui n'éblouit jamais.
Henri, dont le grand cœur était formé pour elle,
Voit, connaît, aime enfin sa lumière immortelle.
Il avoue avec foi, que la Religion
Est au-dessus de l'homme, et confond la raison.
Il reconnaît l'Eglise ici-bas combattue,
L'Eglise toujours une, et partout étendue,
Libre, mais sous un Chef, adorant en tout lieu,
Dans le bonheur des Saints, la grandeur de son Dieu.
Le CHRIST, de nos péchés victime renaissante,
De ses élus chéris nourriture vivante,
Descend sur les Autels à ses yeux éperdus,
Et lui découvre un Dieu sous un pain qui n'est plus.
Son cœur obéissant se soumet, s'abandonne
A ces mystères saints dont son esprit s'étonne.
Louis, dans ce moment qui comble ses souhaits,
Louis tenant en main l'olive de la paix,
Descend du haut des Cieux vers le Héros qu'il aime;
Aux remparts de Paris il le conduit lui-même.
Les remparts ébranlés s'entr'ouvrent à sa voix;
Il entre au nom du Dieu qui fait régner les rois.
Les Ligueurs éperdus, et mettant bas leurs armes,
Sont aux pieds de Bourbon, les baignent de leurs larmes.
Les Prêtres sont joyeux; les Seize épouvantés
En vain cherchent pour fuir des antres écartés.
Tout le peuple, changé dans ce jour salutaire,
Reconnaît son vrai Roi, son Vainqueur et son Père.
Dès lors on admira ce règne fortuné,

Et commencé trop tard, et trop tôt terminé.
L'Autrichien trembla, Justement désarmée,
Rome adopta Bourbon, Rome s'en vit aimée.
La discorde rentra dans l'éternelle nuit.
A reconnaître un Roi Mayenne fut réduit;
Et soumettant enfin son cœur et ses Provinces,
Fut le meilleur sujet du plus juste des Princes.

FIN.

NOTES SUR LA HENRIADE.

CHANT PREMIER.

Aux combats dès l'enfance instruit par la victoire. — Henri III, (dernier Roi de la branche des Valois), étant Duc d'Anjou, avait commandé les armées de Charles IX, son frère, contre les Protestants, et avait gagné à dix-huit ans les batailles de Jarnac et de Moncontour.

Tout périssait enfin, lorsque Bourbon parut. — Henri IV, premier Roi de la branche des Bourbons, le héros de ce poëme, est appelé indifféremment Bourbon ou Henri. Il naquit à Pau en Béarn, le 23 décembre 1553. Il n'était Roi que de la Navarre française, Ferdinand V ayant enlevé la Navarre espagnole à Jean d'Albret, aïeul maternel de Henri IV.

Le père des Bourbons, du sein des immortels. — Saint Louis, neuvième du nom, Roi de France, est la tige de la branche des Bourbons.

Mornay son confident — C'était l'oracle du parti protestant. Il savait le grec et le latin, et même passablement l'hébreu, ce qui était un prodige alors dans un gentilhomme. Ce fut lui que Henri IV, étant Roi de Navarre, envoya à Elisabeth, Reine d'Angleterre. Son zèle pour la défense du parti le fit appeler le Pape des Huguenots. Il se mêla de faire des ouvrages de théologie, mais ils sont remplis d'erreurs et de fausses citations; et l'enthousiasme qui y règne partout n'est pas une forte preuve de la sagesse de l'écrivain. L'Evêque d'Evreux, dans une réfutation du livre des prétendus abus de la messe, composé par Mornay, releva plus de cinq cents passages tronqués ou mal cités dans l'ouvrage de son adversaire. Cette imputation de mauvaise foi, qui donnait une rude atteinte à la réputation du philosophe, le piqua vivement, et le porta à une démarche qui se termina d'une manière bien humiliante pour lui. Il s'engagea à soutenir devant toute la cour ce qu'il avait avancé. Il fut pleinement confondu, de l'aveu même des plus zélés Calvinistes. (Voyez, mémoires de Sully). Pendant la discussion, un ministre huguenot disait avec douleur à un officier de son parti : *l'Evêque d'Evreux a déjà emporté plusieurs passages sur* Mornay. *Qu'importe*, répartit le militaire, *pourvu que celui de Saumur lui demeure.* C'était un passage important sur la Loire, dont Mornay était gouverneur. Ce fut le seul en effet qui lui restât. Il s'y retira après cette humiliante dispute, toujours occupé à inquiéter les catholiques, et à entretenir l'esprit de rebellion dans son parti. Cette conduite obligea dans la suite Louis XIII à lui ôter ce gouvernement.

Aux murs de Wesminster. — C'est là que s'assemble le Parlement d'Angleterre; il faut le concours de la chambre des communes, de celle des Pairs, et le consentement du Roi, pour faire les lois.

Du vainqueur des Anglais il aperçoit la Tour. — La Tour de Londres est un vieux château bâti près de la Tamise par Guillaume le conquérant, duc de Normandie.

CHANT II.

Je ne décide point entre Genève et Rome. — Plusieurs historiens ont peint Henri IV flottant entre les deux religions. On le donne ici pour un homme d'honneur, tel qu'il était, cherchant de bonne foi à s'éclairer, ami de la vérité, ennemi de la persécution, et détestant le crime partout où il se trouve.

Et l'Europe vous compte au rang des plus grands hommes. — Voltaire par une partialité et une inconséquence qui lui est habituelle dans ses écrits, donne de grands éloges à Elisabeth, cette reine sanguinaire, qui fit mourir sans aucune raison, tant de catholiques, les plus soumis de ses sujets ; et qui trempa ses mains dans le sang d'une reine également célèbre par ses malheurs et par ses vertus ; tandis qu'il invective avec la dernière violence contre d'autres souverains, parce qu'ils avaient condamné des sujets hérétiques, rebelles et perturbateurs de leurs états. Pourquoi une telle partialité, si ce n'est parce qu'Elisabeth avait levé l'étendard contre Dieu et la religion, et que ce mérite excusait tous les crimes aux yeux du nouveau philosophe ?

Guise auprès d'Orléans mourut asssassiné. — Il s'agit de François de Guise, si fameux par la défense de Metz contre Charles-Quint. Il assiégeait les Protestants dans Orléans, en 1563, lorsque Poltrot-de-Meré, gentilhomme protestant, le tua par derrière d'un coup de pistolet chargé de trois balles empoisonnées. Il mourut en héros chrétien à l'âge de quarante-quatre ans, comblé de gloire et regretté des Catholiques. Il donna en mourant de sages conseils à son fils, sur la fidélité qu'il devait à son prince ; mais ce jeune ambitieux ne les suivit point, et ce fut la cause de son malheur.

Besme qui dans la cour attendait sa victime. — Besme était un Allemand, domestique de la maison de Guise. Ce misérable ayant été depuis pris par les Protestants, les Rochelais voulurent l'acheter pour le faire écarteler dans leur place publique ; mais il fut tué par un nommé Brétanville.

De Caumont jeune enfant l'étonnante aventure. — Caumont qui échappa à la Saint-Barthélemi, est le fameux Maréchal de la Force, qui depuis se fit une si grande réputation ; et qui vécut jusqu'à l'âge de quatre-vingt-quatre ans.

CHANT III.

On vit paraître Guise. — Henri de Guise, le Balafré, né en 1550 de François de Guise et d'Anne d'Est. Ce fut lui qui acheva d'exécuter le projet de la Ligue.

Guise dans Vimori d'une main plus heureuse. — Dans le même temps que l'armée du Roi était battue à Coutras, le duc de Guise faisait des actions d'un très-habile général, contre une armée nombreuse de Reîtres venus au secours de Henri IV; et après les avoir harcelés et fatigués long-temps, il les défit au village d'Auneau.

CHANT IV.

Ce fut vous, jeune prince, impétueux d'Aumale. — Le chevalier d'Aumale, frère du Duc d'Aumale, de la maison de Lorraine, jeune homme impétueux; il avait des qualités brillantes, était toujours à la tête des sorties pendant le siége de Paris, et inspirait aux habitants sa valeur et sa confiance.

Valois est déposé. — Le Fèvre, doyen, et quelques-uns des plus sages refusèrent de signer. Depuis, dès que la Sorbonne fut libre, elle révoqua ce décret que la tyrannie de la Ligue avait arraché de quelques-uns de son corps. Tous les ordres religieux, qui comme la Sorbonne, s'étaient déclarés contre la maison royale se rétractèrent depuis comme elle.

La discorde a choisi seize séditieux. — On les nomma les Seize, à cause des seize quartiers de Paris qu'ils gouvernaient par leurs intelligences et leurs émissaires. L'un des principaux était Bussy-le-Clerc, gouverneur de la Bastille.

Mayenne en frémissant les voit à ses côtés. — Les Seize furent long-temps indépendants du Duc de Mayenne. L'un d'eux nommé Normand, dit un jour dans la chambre du Duc: *ceux qui l'ont fait pourraient bien le défaire.*

Bussy les conduisait. — Le 16 janvier 1589, Bussy-le-Clerc, qui de tireur d'armes était devenu Gouverneur de la Bastille et chef de cette faction, entra dans la grand'-

Chambre du Parlement, suivi de cinquante satellites : il présenta au parlement une requête, ou plutôt un ordre, pour forcer cette Compagnie à ne plus reconnaître la maison royale. Sur le refus de la Compagnie, il mena lui-même à la Bastille tous ceux qui étaient opposés à son parti ; il les fit jeûner au pain et à l'eau, pour les obliger à se racheter plutôt de ses mains : voilà pourquoi on l'appelait le grand Pénitencier du Parlement.

CHANT V.

Quand à Moloch leur Dieu, des mères gémissantes. — Les Ammonites jetaient leurs enfants dans les flammes au son des tambours et des trompettes, en l'honneur de la Divinité qu'ils adoraient sous le nom de Moloch.

A l'affreux Teutatès, c'était un des Dieux des Gaulois, on lui sacrifiait des hommes.

Dans Londre il a formé la secte turbulente. — Les sectaires appelés indépendants, furent ceux qui eurent le plus de part à la mort de Charles I, Roi d'Angleterre.

Ou tel chez les Romains l'inflexible Atéïus. — Atéïus, Tribun du peuple, ne pouvant empêcher Crassus de partir pour aller contre les Parthes, porta un brasier ardent à la porte de la ville par où Crassus sortait, y jeta certaines herbes, et maudit l'expédition de Crassus en invoquant des Divinités infernales.

CHANT VI.

Soudain Potier se lève. — Potier de Blanc-Ménil, président du Parlement, dont il est question dans le quatrième et le cinquième chant. Il demanda publiquement au duc de Mayenne la permission de se retirer vers Henri IV : (Je vous regarderai toute ma vie comme mon bienfaiteur, lui dit-il ; mais je ne puis vous regarder comme mon maître).

On entendait gronder ces bombes effroyables. — C'est dans les guerres de Flandres, sous Philippe II, qu'un ingénieur Italien fit usage des bombes, pour la première fois.

CHANT VII.

Ils marchent aussitôt aux portes des Enfers. — Les Théologiens n'ont pas décidé comme un article de foi, que l'Enfer fût au centre de la terre. Quelques-uns l'ont placé dans le soleil ; Voltaire le met ici dans un globe destiné uniquement à cet usage.

La Trimoille, *Clisson*, etc. — Parmi plusieurs grands hommes de ce nom, on a eu ici en vue *Guy de la Trimoille*, surnommé *le Vaillant*, qui portait l'oriflamme et qui refusa l'épée de Connétable sous Charles VI.

Clisson (le Connétable de), sous Charles VI.

Montmorency. Il faudrait un volume pour spécifier les services rendus à l'Etat par cette Maison.

Gaston de Foix, Duc de Nemours, neveu de Louis XII, fut tué de quatorze coups à la célèbre bataille de Ravenne, qu'il avait gagnée.

Guesclin (le Connétable du). Il sauva la France sous Charles V, conquit la Castille, mit Henri de Transtamare sur le Trône de

Pierre-le-Cruel, et fut Connétable de France et de Castille.

Bayard (Pierre du Terrail, surnommé le Chevalier sans peur et sans reproche). Il arma François I.er Chevalier à la bataille de Marignan; il fut tué en 1523 à la retraite de Rebec en Italie.

Jeanne d'Arc (connue sous le nom de la Pucelle d'Orléans). Cette héroïne célèbre fut suscitée de Dieu au commencement du quinzième siècle pour rétablir les affaires de Charles VII.

Ces héros, dit Louis, que tu vois dans les cieux. — L'auteur n'a pas prétendu les canoniser. Il en parle en poëte, et suppose que leur vie privée ayant été aussi irréprochable devant Dieu, que leur vie publique devant les hommes, ils furent admis au Ciel.

Bienfaiteur de ce peuple ardent à l'outrager. —Le peuple détestait le grand Colbert, au point qu'il voulut déterrer son corps: mais la voix des gens sensés, qui prévaut à la longue, a rendu sa mémoire à jamais chère et respectable. Il ne faut pas le confondre avec son frère, l'Evêque de Montpellier, ardent janséniste.

Turenne, de Condé le généreux rival. — *Louis de Bourbon*, appelé communément le grand Condé; et *Henri*, vicomte de Turenne, ont été regardés comme les plus grands Capitaines de leur temps; tous deux ont remporté de grandes victoires, et acquis de la gloire, même dans leurs défaites. Le génie du Prince de Condé semblait, à ce qu'on dit, plus propre pour un jour de bataille, et celui de M. de Turenne pour toute une campagne. Au moins est-il certain que M. de Turenne remporta des avantages sur le grand Condé à Gien, à Etampes, à Paris, à Arras, à la bataille des Dunes ; cependant on n'ose point décider quel était le plus grand homme. Ce qui rend surtout ces deux héros recommandables, c'est d'avoir eu la force de se vaincre eux-mêmes, et d'abjurer l'erreur dans laquelle ils étaient nés, aussitôt qu'ils eurent connu la vérité par un mûr examen : bien différents en cela de ces insensés qui ne daignent pas entrer dans la moindre discussion sérieuse sur une matière si importante ; qui ne lisent que de chétives brochures où la religion est défigurée par toute sorte de calomnies ; de mensonges et de vaines objections, qu'un examen attentif, ou un bon livre de controverse dissiperait dans un instant. Turenne et Condé sont pour eux un bel exemple : ils aimèrent la vérité, ils la cherchèrent de bonne foi, et ils eurent, comme Saint Augustin, le bonheur de la trouver. Aussitôt ils foulèrent aux pieds le respect humain, et méprisant cette détestable maxime : *Qu'on peut mourir dans l'erreur pourvu qu'on y soit né*, ils revinrent courageusement à la vraie foi que leurs pères avaient abandonnée.

Le Maréchal de *Catinat*. Il gagna les batailles de Staffarde et de la Marsaille, et obéit ensuite sans murmurer au Maréchal de Villeroi, qui lui envoyait des ordres sans le consulter. Il quitta le commandement sans peine, ne se plaignit jamais de personne, ne demanda rien au Roi, mourut en Philosophe dans une petite maison de campagne à Saint-Gratien, n'ayant ni augmenté, ni diminué son bien, et n'ayant jamais démenti un moment son caractère de modération.

Le Maréchal de *Vauban*, le plus grand ingénieur qui ait jamais été, a fait fortifier, selon sa nouvelle manière, 300 places anciennes, et en a bâti 33. Il a conduit 53 siéges, et s'est trouvé à 140 actions. Il a laissé 12 volumes manuscrits, pleins de projets pour le bien de l'Etat, dont aucun n'a encore été exécuté. Il était de l'Académie des Sciences, et lui a fait plus d'honneur que personne, en faisant servir les mathématiques à l'avantage de sa patrie.

François-Henri de Montmorency, qui prit le nom de Luxembourg, maréchal de France, et duc et pair, gagna la bataille de Cassel, sous les ordres de MONSIEUR, frère de Louis XIV; remporta en chef les fameuses victoires de Mons, de Fleurus, de Steinkerke, de Nervinde, et conquit des provinces au Roi. Il fut mis à la Bastille, et reçut mille dégoûts des ministres.

Villars. — Le Maréchal duc de Villars gagna la bataille de Fredelingen; et celle du premier Hochstet. Ayant repris le commandement des armées, il donna la fameuse bataille de Blangis ou de Malplaquet, dans laquelle on tua vingt mille hommes aux ennemis, et qui ne fut perdue que quand le Maréchal eut été blessé. Enfin, en 1712, lorsque les ennemis menaçaient de venir à Paris, et qu'on délibérait si Louis XIV quitterait Versailles, le Maréchal de Villars battit le Prince Eugène à *Denain*, s'empara du dépôt de l'armée ennemie à *Marchienne*, fit lever le siége de *Landrecy*, prit *Douay*, *Quesnoy*, *Bouchain*, etc., à discrétion, et fit ensuite la paix à Rastadt au nom du Roi, avec le même Prince Eugène, Plénipotentiaire de l'Empereur.

L'erreur a ses héros, et la foi ses martyrs. — Il y a cette différence entre les martyrs de l'erreur et ceux de la foi, que les premiers expirent en faisant des imprécations contre les auteurs de leur supplice, et affectent de mourir avec une fermeté orgueilleuse qui tient de la fureur, au lieu que les martyrs victimes de la foi, s'endorment avec tranquilité dans le Seigneur, en priant Dieu pour leurs persécuteurs. Pardonnez-leur, disait Saint Etienne, car ils ne savent ce qu'ils font.

Un faible rejeton sort entre les ruines. — Ce poëme fut composé dans l'enfance de Louis XV.

Jusqu'à quand voulez-vous, malheureux politiques? = La branche de France et la branche d'Espagne semblaient alors désunies.

CHANT VIII.

Ce Lieutenant sans chef. — Mayenne se fit déclarer, par la partie du Parlement qui lui demeura attachée, lieutenant-général de l'état.

Les Lorrains. Le chevalier d'Aumale dont il est si souvent parlé, et son frère le duc, étaient de la maison de Lorraine.

Charles-Emmanuel, duc de Nemours. Il était frère utérin du duc de Mayenne.

Saint-Paul, soldat de fortune, fait maréchal par le duc de Mayenne, homme emporté et d'une violence extrême. Il fut tué par le duc de Guise, fils du Balafré.

Brissac s'était jeté dans le parti de la Ligue par indignation contre Henri III, qui avait dit qu'il n'était bon ni sur terre, ni sur mer. Il négocia depuis secrètement avec Henri IV, et lui ouvrit les portes de Paris, moyennant le bâton de maréchal de France.

Jean d'Aumont, maréchal de France, qui fit des merveilles à la bataille d'Ivry, était fils de Pierre d'Aumont, gentilhomme de la chambre, et de Françoise de Sully, héritière de l'ancienne maison de Sully. Il servit sous les rois Henri II, François II, Charles IX, Henri III et Henri IV.

Henri de Gontaud de Biron, maréchal de France, grand-maître de l'artillerie, était un grand homme de guerre: il commandait à Ivry le corps de réserve, et contribua au gain de la bataille en se présentant à propos à l'ennemi. Il dit à Henri le Grand après la victoire: « Sire, vous avez fait ce que devait faire » Biron; et Biron, ce que devait faire le » Roi. » Ce Maréchal fut tué d'un coup de canon en 1592, au siége d'Epernai.

Charles Gontaud de Biron, Maréchal, et Duc et Pair, fils du précédent, conspira depuis contre Henri IV, et fut décapité dans la cour de la Bastille en 1602. On voit encore à la muraille des crampons de fer qui servirent à l'échafaud.

Rosny, depuis duc de *Sully*, surintendant des finances, grand maître de l'artillerie, fait Maréchal de France après la mort de Henri IV, reçut sept blessures à la bataille d'Ivry.

Nangis, homme d'un grand mérite et d'une véritable vertu : il avait conseillé à Henri III de ne point faire assassiner le duc de Guise, mais d'avoir le courage de le juger selon les lois.

Crillon était surnommé le *brave*. Il offrit à Henri III de se battre contre ce même duc de Guise. C'est à ce Crillon, que Henri le Grand écrivit : « Pends-toi, brave Crillon : » nous avons combattu à Arques, et tu n'y » étais pas...... Adieu, brave Crillon ; je vous » aime à tort et à travers. »

Henri de la tour d'Orliegues, vicomte de *Turenne*, maréchal de France. Henri le Grand le maria à Charlotte de la Mark, Princesse de Sedan, en 1591. La nuit de ses noces le Maréchal alla prendre Stenay d'assaut.

Claude, duc de la *Trimoille*, était à la bataille d'Ivry. Il avait un grand courage et une ambition démesurée, de grandes richesses, et était le seigneur le plus considérable parmi les Calvinistes. Il mourut à 38 ans.

Lesdiguières. — Jamais homme ne mérita mieux le titre d'heureux : il commença par être simple soldat, et finit par être connétable sous Louis XIII.

Balsac de Klermont d'Entragues, oncle de la fameuse marquise de Verneuil, fut tué à la bataille d'Ivry ; Feuquières et de Nesle, capitaines de cinquante hommes d'armes, y furent tués aussi.

CHANT IX.

S'élève un vieux palais respecté par les temps. — Cette description est entièrement allégorique. On a placé dans la Troade le lieu de la scène, parce que les peuples de l'Asie ont de tout temps passé pour être adonnés à la volupté.

Vaucluse, *Vallisclusa*, près de Gordes en Provence, célèbre par le séjour que fit Pétrarque dans les environs. L'on voit même encore près de sa source, une maison qu'on appelle la maison de Pétrarque.

CHANT X.

Il (d'Aumale) regarde Paris, et meurt en soupirant. — Le chevalier d'Aumale fut tué dans ce temps-là à Saint-Denis, et sa mort affaiblit beaucoup le parti de la Ligue; mais son combat avec le vicomte de Turenne n'est qu'une fiction.

On les vit se nourrir des cendres de leurs pères. — Etrange faiblesse de l'imagination humaine! Ils n'auraient pas voulu manger la chair de ceux qui venaient d'être tués, et ils mangeaient volontiers les os de leurs ancêtres.

Ce blocus et cette famine de Paris ont pour époque l'année 1590. Henri se fit catholique en 1593, et il entra dans Paris en 1594. Mais l'auteur a rapproché ces trois grands événements, parce qu'il écrivait un poëme, et non une histoire.

Il reconnaît l'Eglise. — « Ce furent les » ministres de sa secte, qui contre leur in- » tention, achevèrent de le déterminer à

» l'importante démarche qu'il méditait. Le » Prince s'était déjà fait instruire dans la Reli» gion Catholique. Avant de se déclarer, il » voulut savoir ce qu'en pensaient les ministres » protestants ; il leur demanda s'ils croyaient » qu'on pût se sauver dans l'Eglise Ro» maine. Ils furent obligés de convenir qu'on » le pouvait : « Pourquoi donc, reprit le Roi, » l'avoir abandonnée? Les Catholiques sou» tiennent qu'on ne se peut sauver dans la » vôtre ; vous convenez qu'on peut se sauver » dans la leur; le bon sens veut que je prenne » le parti le plus sûr et que je préfère une » Religion dans laquelle de l'aveu de tout le » monde je puis faire mon salut. » Le Roi » agit donc en conséquence. Il abjura solen» nellement le calvinisme, et reçut du Pape » l'absolution des censures qu'il avait encou» rues par l'hérésie. L'abjuration du Roi sau» va la foi prête à s'éteindre en France, et le » Prince prouva la sincérité de sa démarche, » par la protection éclatante qu'il ne cessa « de donner à la Religion dans ses états. »

(*Abrégé de l'Histoire Ecclésiastique.*)

Il serait à souhaiter que son abjuration eût été accompagnée d'une véritable conversion, et du changement de vie. La bonté de son cœur l'a rendu à jamais cher aux Français, et ses grandes qualités, admirable à tout l'univers ; plût à Dieu que la pureté de ses mœurs l'eût rendu de même agréable au Seigneur ! Heureux le prince qui réunit tous ces titres à une estime universelle ! il accomplit en lui cet oracle divin : *Dilectus Deo et hominibus.* Il se fait aimer de Dieu et des hommes.

IDÉE DE LA HENRIADE ET DE SON AUTEUR.

Aucun poëme n'a éprouvé des critiques aussi différentes que la *Henriade* de M. de Voltaire. Les uns la mettent au niveau des chefs-d'œuvre d'Homère et de Virgile, les autres l'abaissent et la déprécient au point de lui refuser tout genre de mérite, et vont jusqu'à lui ôter le nom de *poëme épique*. Cette diversité de jugements provient de ce que les uns, aveuglés par un fol enthousiasme pour le *Philosophe*, exaltent sans mesure et sans raison tout ce qui est sorti de sa plume; les autres, prévenus contre *l'écrivain*, condamnent sans exception tout ce qu'il a produit. Quelques-uns plus modérés, prennent un milieu; et tout en condamnant ses principes impies, erronés, immoraux, etc., reconnaissent cependant que sur le nombre prodigieux d'ouvrages qui portent son nom, il s'en trouve un certain nombre de bien faits. Ils en classent même quelques-uns au rang des chefs-d'œuvre, comme plusieurs de ses tragédies, et principalement son poëme de la *Henriade*. Ils le regardent comme un ouvrage qui fait honneur à la poésie française, en la vengeant du reproche de n'avoir encore pu produire aucun poëme épique estimable.

MM. de La Harpe et de La Beaumelle ont donné de la *Henriade*, des critiques fort détaillées, où ils discutent avec sagacité ce qu'il y a de bon et de médiocre dans ce poëme.

Tous ceux qui parlent avec impartialité de cet ouvrage s'accordent à dire *qu'il peut, sans contredit, être regardé comme un chef-d'œuvre de poësie pour l'harmonie de la versification, la richesse du coloris, la noblesse des pensées, la vivacité des images, la rapidité du style. A cet égard, cet ouvrage l'emporte sur tout ce que les muses françaises ont pu produire, jusqu'à ce jour, de plus brillant.* C'est ainsi qu'en parle le judicieux auteur des Trois Siècles littéraires, qui a su parfaitement apprécier M. de Voltaire et ses écrits. Le même auteur parle ensuite du manque d'enchaînement, de la monotonie, et de quelques autres défauts de la Henriade, dont plusieurs critiques, et entre autres La Harpe, s'efforcent de justifier cet ouvrage. Nous renvoyons à leurs écrits.

Les beautés qu'on trouve dans la *Henriade* l'ont fait adopter dans beaucoup d'établissements, au nombre des livres classiques. Mais les sarcasmes contre la religion, que l'auteur a disséminés dans tout l'ouvrage, doivent produire des effets bien funestes sur l'esprit des jeunes gens. Cette édition les préservera de ce danger : nous en avons retranché tout ce qui est contraire aux bons principes et aux bonnes mœurs; sans cependant nuire en aucune manière, ni au plan, ni aux beautés littéraires. Nous avons eu soin, dans ces cas, de conserver l'enchaînement des idées en intercallant quelques vers, lorsque le sens ou les règles de la poësie l'exigeaient.

Presque tous les ouvrages de cet homme si fameux dans le dernier siècle, mais dont le siècle actuel, heureusement revenu aux bons principes, ne fait plus le même cas, offrent partout des contradictions si palpables, et des principes si contraires au sens commun, que la beauté du style ne saurait plus en faire soutenir la lecture. Voici le jugement plein de justesse qu'en portait alors, l'auteur déjà cité.

« Des traits dignes d'admiration, des ma-
» ximes monstrueuses : des lumières capables
» d'honorer son siècle, des travers qui en font
» la honte : des sentiments qui ennoblissent
» l'humanité, des faiblesses qui la dégradent:
» l'imagination la plus brillante, le langage
» le plus révoltant : de la philosophie, et de
» l'absurdité : la variété de l'érudition, et les
» bévues de l'ignorance : une poësie riche,
» et des plagiats manifestes : de beaux ou-
» vrages et des productions odieuses : des
» hommages à la Religion, et des blasphêmes :
» des leçons de vertu, et l'apologie du vice :
» des protestations de zèle pour la vérité, et
» tous les artifices de la mauvaise foi : l'en-
» thousiasme de la tolérance, et les emporte-
» ments de la persécution ; telles sont les
» étonnantes contrariétés qui, dans un siècle
» moins inconséquent, décideront du rang
» que cet homme doit occuper..... Le vrai
» moyen de juger M. de Voltaire est de se
» transporter dans l'avenir, de se mettre à
» la place de nos descendants, de leur sup-
» poser des lumières, du goût, de l'honnêteté,

» et de prononcer ensuite, en tâchant d'être » leur organe. »

Cette sorte de prédiction n'a pas tardé à se vérifier. Déjà on ne saurait penser à ce *Coryphée* de l'erreur et à ses anciens *adeptes* sans éprouver un sentiment de mépris mêlé de compassion. N'est-ce pas en effet une chose bien digne de mépris ou de pitié, que l'excès auquel ils portèrent le fanatisme pour cette idole pendant sa vie et après sa mort. «Ses plus hideuses productions étaient accueillies et préconisées avec enthousiasme. *Son empire sur cette nuée d'esprits faibles*, dit encore M. Sabathier, *ne pouvait être mieux comparé qu'à celui du grand* LAMA, *dont on révère, comme chacun sait, jusqu'aux excréments.* » Après la mort épouvantable qui termina une vie si affreuse, on lui érigea une statue; on brûla de l'encens, on alluma une lampe perpétuelle devant ce nouveau Dagon ! Dans le siècle plus heureux où nous vivons, ses admirateurs plus sages et plus éclairés, distinguent dans M. de Voltaire l'homme de lettres du *philosophe*; ils reconnaissent les charmes de son style, et désavouent ses maximes erronées sur la morale et sur la Religion : maximes dont auraient rougi les anciens Sages de la Grèce et de Rome. En le considérant même comme littérateur, ils savent discerner ses mauvaises productions de ses chefs-d'œuvre; et dans ceux-ci, les beautés littéraires, des écarts contre les bons principes : écarts dont presque aucun de ses meilleurs ouvrages n'est exempt. Ce sont comme autant de taches hideuses qui les défigurent et qu'il faudrait retrancher, parce qu'elles en diminuent de plus en plus l'intérêt, à mesure que le siècle revient aux saines maximes. Ses admirateurs sont bien éloignés surtout de confondre le mérite de ses écrits avec les vices de son cœur et la perversité de son esprit : il n'en est aucun aujourd'hui, qui ne rie de la folie de ses anciens dupes, dont l'enthousiasme fit une espèce de divinité de cet apôtre du crime; il n'en est aucun qui, à la vue de cette statue burlesque et sacrilége, ne se fût écrié, en parodiant le Poëte satyrique :

Quel objet *admirable* à présenter aux yeux,
Que *Voltaire* toujours hurlant contre les Cieux!

Que les jeunes gens ne soient jamais tentés de lire ces ouvrages infectés du poison le plus mortel, avant d'être bien affermis dans les bons principes par l'âge et par une longue pratique de la vertu. Une funeste expérience apprend que ces écrits communiquent infailliblement à tous ceux qui les lisent avant ce temps, une espèce de rage, dont leurs auteurs furent possédés, et dont les accès furieux ont terminé les jours de Voltaire et ceux de beaucoup d'autres qui ont bu dans sa coupe empoisonnée. Ce venin subtile corrompt les mœurs, pervertit le caractère, renverse le sens, abrutit l'esprit, détruit dans le cœur les principes de tout bien ; il vicie le jugement et donne un travers d'esprit déplorable qui influe sur tout le reste de la conduite; il ôte toutes les idées saines sur la Religion, sur la politique, sur les principes de sociabilité. La lecture de ces écrits dictés par un philosophisme barbare produit infailliblement de mauvais enfants, de mauvais pères, de mauvais époux, de mauvais amis, de mauvais citoyens, de mauvais maîtres, de mauvais serviteurs et de mauvais sujets. Les principes qu'on y puise font perdre toute crainte de Dieu et des hommes, toute honte et tout honneur, et ne peuvent que former des hommes féroces, semblables à ceux qui enfantèrent, il y a 30 ans, la plus effrayante des révolutions, dont il soit fait mention dans l'histoire.

Puissent ces courtes réflexions dégoûter les jeunes gens qui les liront, de toucher jamais à ces productions infernales! S'ils étaient tentés de faire par eux-mêmes l'expérience des funestes effets d'une telle lecture, qu'ils frémissent sur le sort affreux d'un malheureux enfant, âgé de 13 ans, qui se suicida en 1816, après avoir lu quelques brochures de Voltaire et de J.-J. Rousseau. Avant de mourir, il légua son âme aux mânes de ces deux scélérats, par un testament qui fait frissonner d'horreur. Le nombre des exemples semblables, ou également funestes, est effrayant. Heureux les jeunes gens qui ne s'exposent point à éprouver un tel danger, ni à servir eux-mêmes d'exemple aux autres!

www.ingramcontent.com/pod-product-compliance
Lightning Source LLC
Chambersburg PA
CBHW072059080426
42733CB00010B/2162

* 9 7 8 2 0 1 1 8 8 8 1 1 2 *